LES
TROPHÉES

PAR

JOSÉ-MARIA DE HEREDIA

L'amour sans plus du verd Laurier m'agrée.
PIERRE DE RONSARD.

A PARIS
CHEZ ALPHONSE LEMERRE
1893

LES

TROPHÉES

Tous droits réservés.

LES
TROPHÉES

PAR

JOSÉ-MARIA DE HEREDIA

L'amour sans plus du verd Laurier m'agrée.
PIERRE DE RONSARD.

A PARIS
CHEZ ALPHONSE LEMERRE
1893

A LECONTE DE LISLE.

C'est à vous, cher et illustre ami, que j'aurais dédié ces Trophées, si le respect d'une mémoire sacrée qui, je le sais, vous est chère aussi, ne m'eût interdit d'inscrire un nom, si glorieux soit-il, au frontispice de ce livre.

Un à un, vous les avez vus naître, ces poèmes. Ils sont comme des chaînons qui nous rattachent au temps déjà lointain où vous enseigniez aux jeunes poètes, avec les règles et les subtils secrets de notre art, l'amour de la poésie pure et du pur langage français. Je vous suis plus redevable que tout autre : vous m'avez jugé digne de l'honneur de votre amitié. J'ai pu, au cours d'une longue intimité, comprendre mieux l'excellence de vos préceptes et de vos conseils, la beauté de votre exemple. Et mon titre le plus sûr à quelque gloire, sera d'avoir été votre élève bien aimé.

C'est pour vous complaire que je recueille mes vers épars. Vous m'avez assuré que ce livre, bien qu'en partie inachevé, garderait néanmoins aux yeux du lecteur indulgent quelque chose de la noble ordonnance que j'avais rêvée. Tel qu'il est, je vous l'offre, non sans regret de n'avoir pu mieux faire, mais avec la conscience d'avoir fait de mon mieux.

Recevez-le, cher et illustre ami, en témoignage de mon affectueuse gratitude, et comme il serait malséant de clore sans le vœu traditionnel une épitre liminaire, quelque brève qu'elle soit, permettez que je vous souhaite, à vous et à tous ceux qui feuilleteront ces pages, de prendre à lire ces poèmes autant de plaisir que j'eus à les composer.

JOSÉ-MARIA DE HEREDIA.

MANIBVS
CARISSIMAE
ET
AMANTISSIMAE
MATRIS
FILIVS MEMOR
J. M. H.

LA GRÈCE
ET LA SICILE

L'OUBLI

LE temple est en ruine au haut du promontoire.
Et la Mort a mêlé, dans ce fauve terrain,
Les Déesses de marbre et les Héros d'airain
Dont l'herbe solitaire ensevelit la gloire.

Seul, parfois, un bouvier menant ses buffles boire,
De sa conque où soupire un antique refrain
Emplissant le ciel calme et l'horizon marin,
Sur l'azur infini dresse sa forme noire.

La Terre maternelle et douce aux anciens Dieux,
Fait à chaque printemps, vainement éloquente,
Au chapiteau brisé verdir une autre acanthe;

Mais l'Homme indifférent au rêve des aïeux
Écoute sans frémir, du fond des nuits sereines,
La Mer qui se lamente en pleurant les Sirènes.

HERCULE ET LES CENTAURES

NÉMÉE

Depuis que le Dompteur entra dans la forêt
En suivant sur le sol la formidable empreinte,
Seul, un rugissement a trahi leur étreinte.
Tout s'est tu. Le soleil s'abîme et disparaît.

A travers le hallier, la ronce et le guéret,
Le pâtre épouvanté qui s'enfuit vers Tirynthe
Se tourne, et voit d'un œil élargi par la crainte
Surgir au bord des bois le grand fauve en arrêt.

Il s'écrie. Il a vu la terreur de Némée
Qui sur le ciel sanglant ouvre sa gueule armée,
Et la crinière éparse et les sinistres crocs ;

Car l'ombre grandissante avec le crépuscule
Fait, sous l'horrible peau qui flotte autour d'Hercule,
Mêlant l'homme à la bête, un monstrueux héros.

STYMPHALE

Et partout devant lui, par milliers, les oiseaux,
De la berge fangeuse où le Héros dévale,
S'envolèrent, ainsi qu'une brusque rafale,
Sur le lugubre lac dont clapotaient les eaux.

D'autres, d'un vol plus bas croisant leurs noirs réseaux,
Frôlaient le front baisé par les lèvres d'Omphale,
Quand, ajustant au nerf la flèche triomphale,
L'Archer superbe fit un pas dans les roseaux.

Et dès lors, du nuage effarouché qu'il crible,
Avec des cris stridents, plut une pluie horrible
Que l'éclair meurtrier rayait de traits de feu.

Enfin, le Soleil vit, à travers ces nuées
Où son arc avait fait d'éclatantes trouées,
Hercule tout sanglant sourire au grand ciel bleu.

NESSUS

Du temps que je vivais à mes frères pareil
Et comme eux ignorant d'un sort meilleur ou pire,
Les monts Thessaliens étaient mon vague empire
Et leurs torrents glacés lavaient mon poil vermeil.

Tel j'ai grandi, beau, libre, heureux, sous le soleil;
Seule, éparse dans l'air que ma narine aspire,
La chaleureuse odeur des cavales d'Épire
Inquiétait parfois ma course ou mon sommeil.

Mais depuis que j'ai vu l'Épouse triomphale
Sourire entre les bras de l'Archer de Stymphale,
Le désir me harcèle et hérisse mes crins;

Car un Dieu, maudit soit le nom dont il se nomme!
A mêlé dans le sang enfiévré de mes reins
Au rut de l'étalon l'amour qui dompte l'homme.

LA CENTAURESSE

Jadis, à travers bois, rocs, torrents et vallons
Errait le fier troupeau des Centaures sans nombre;
Sur leurs flancs le soleil se jouait avec l'ombre,
Ils mêlaient leurs crins noirs parmi nos cheveux blonds.

L'été fleurit en vain l'herbe. Nous la foulons
Seules. L'antre est désert que la broussaille encombre;
Et parfois je me prends, dans la nuit chaude et sombre,
A frémir à l'appel lointain des étalons.

Car la race de jour en jour diminuée
Des fils prodigieux qu'engendra la Nuée,
Nous délaisse et poursuit la Femme éperdument.

C'est que leur amour même aux brutes nous ravale;
Le cri qu'il nous arrache est un hennissement,
Et leur désir en nous n'étreint que la cavale.

CENTAURES ET LAPITHES

La foule nuptiale au festin s'est ruée,
Centaures et guerriers ivres, hardis et beaux;
Et la chair héroïque, au reflet des flambeaux,
Se mêle au poil ardent des fils de la Nuée.

Rires, tumulte... Un cri!... L'Épouse polluée
Que presse un noir poitrail, sous la pourpre en lambeaux
Se débat, et l'airain sonne au choc des sabots
Et la table s'écroule à travers la huée.

Alors celui pour qui le plus grand est un nain,
Se lève. Sur son crâne, un mufle léonin
Se fronce, hérissé de crins d'or. C'est Hercule.

Et d'un bout de la salle immense à l'autre bout,
Dompté par l'œil terrible où la colère bout,
Le troupeau monstrueux en renâclant recule.

FUITE DE CENTAURES

Ils fuient, ivres de meurtre et de rébellion,
Vers le mont escarpé qui garde leur retraite;
La peur les précipite, ils sentent la mort prête
Et flairent dans la nuit une odeur de lion.

Ils franchissent, foulant l'hydre et le stellion,
Ravins, torrents, halliers, sans que rien les arrête;
Et déjà, sur le ciel, se dresse au loin la crête
De l'Ossa, de l'Olympe ou du noir Pélion.

Parfois, l'un des fuyards de la farouche harde
Se cabre brusquement, se retourne, regarde,
Et rejoint d'un seul bond le fraternel bétail;

Car il a vu la lune éblouissante et pleine
Allonger derrière eux, suprême épouvantail,
La gigantesque horreur de l'ombre Herculéenne.

LA NAISSANCE D'APHRODITÉ

Avant tout, le Chaos enveloppait les mondes
Où roulaient sans mesure et l'Espace et le Temps;
Puis Gaia, favorable à ses fils les Titans,
Leur prêta son grand sein aux mamelles fécondes.

Ils tombèrent. Le Styx les couvrit de ses ondes.
Et jamais, sous l'éther foudroyé, le Printemps
N'avait fait resplendir les soleils éclatants,
Ni l'Été généreux mûri les moissons blondes.

Farouches, ignorants des rires et des jeux,
Les Immortels siégeaient sur l'Olympe neigeux.
Mais le ciel fit pleuvoir la virile rosée;

L'Océan s'entr'ouvrit, et dans sa nudité
Radieuse, émergeant de l'écume embrasée.
Dans le sang d'Ouranos fleurit Aphrodité.

JASON ET MÉDÉE

A Gustave Moreau.

En un calme enchanté, sous l'ample frondaison
De la forêt, berceau des antiques alarmes,
Une aube merveilleuse avivait de ses larmes,
Autour d'eux, une étrange et riche floraison.

Par l'air magique où flotte un parfum de poison,
Sa parole semait la puissance des charmes ;
Le Héros la suivait et sur ses belles armes
Secouait les éclairs de l'illustre Toison.

Illuminant les bois d'un vol de pierreries,
De grands oiseaux passaient sous les voûtes fleuries,
Et dans les lacs d'argent pleuvait l'azur des cieux.

L'Amour leur souriait, mais la fatale Épouse
Emportait avec elle et sa fureur jalouse
Et les philtres d'Asie et son père et les Dieux.

ARTÉMIS ET LES NYMPHES.

ARTÉMIS

L'acre senteur des bois montant de toutes parts,
Chasseresse, a gonflé ta narine élargie,
Et dans ta virginale et virile énergie,
Rejetant tes cheveux en arrière, tu pars!

Et du rugissement des rauques léopards
Jusqu'à la nuit tu fais retentir Ortygie,
Et bondis à travers la haletante orgie
Des grands chiens éventrés sur l'herbe rouge épars.

Et, bien plus, il te plaît, Déesse, que la ronce
Te morde et que la dent ou la griffe s'enfonce
Dans tes bras glorieux que le fer a vengés;

Car ton cœur veut goûter cette douceur cruelle
De mêler, en tes jeux, une pourpre immortelle
Au sang horrible et noir des monstres égorgés.

LA CHASSE

Le quadrige, au galop de ses étalons blancs,
Monte au faîte du ciel, et les chaudes haleines
Ont fait onduler l'or bariolé des plaines.
La Terre sent la flamme immense ardre ses flancs.

La forêt masse en vain ses feuillages plus lents;
Le Soleil, à travers les cimes incertaines
Et l'ombre où rit le timbre argentin des fontaines,
Se glisse, darde et luit en jeux étincelants.

C'est l'heure flamboyante où, par la ronce et l'herbe,
Bondissant au milieu des molosses, superbe,
Dans les clameurs de mort, le sang et les abois,

Faisant voler les traits de la corde tendue,
Les cheveux dénoués, haletante, éperdue,
Invincible, Artémis épouvante les bois.

NYMPHÉE

Le quadrige céleste à l'horizon descend,
Et, voyant fuir sous lui l'occidentale arène,
Le Dieu retient en vain de la quadruple rêne
Ses étalons cabrés dans l'or incandescent.

Le char plonge. La mer, de son soupir puissant,
Emplit le ciel sonore où la pourpre se traîne,
Tandis qu'à l'Est d'où vient la grande Nuit sereine
Silencieusement s'argente le Croissant.

Voici l'heure où la Nymphe, au bord des sources fraîches,
Jette l'arc détendu près du carquois sans flèches.
Tout se tait. Seul, un cerf brame au loin vers les eaux.

La lune tiède luit sur la nocturne danse,
Et Pan, ralentissant ou pressant la cadence,
Rit de voir son haleine animer les roseaux.

PAN

A travers les halliers, par les chemins secrets
Qui se perdent au fond des vertes avenues,
Le Chèvre-pied, divin chasseur de Nymphes nues,
Se glisse, l'œil ardent, sous les hautes forêts.

Il est doux d'écouter les soupirs, les bruits frais
Qui montent à midi des sources inconnues
Quand le Soleil, vainqueur étincelant des nues,
Dans la mouvante nuit darde l'or de ses traits.

Une Nymphe s'égare et s'arrête. Elle écoute
Les larmes du matin qui pleuvent goutte à goutte
Sur la mousse. L'ivresse emplit son jeune cœur.

Mais, d'un seul bond, le Dieu du noir taillis s'élance,
La saisit, frappe l'air de son rire moqueur,
Disparaît... Et les bois retombent au silence.

LE BAIN DES NYMPHES

C'est un vallon sauvage abrité de l'Euxin ;
Au-dessus de la source un noir laurier se penche,
Et la Nymphe, riant, suspendue à la branche,
Frôle d'un pied craintif l'eau froide du bassin.

Ses compagnes, d'un bond, à l'appel du buccin,
Dans l'onde jaillissante où s'ébat leur chair blanche,
Plongent, et de l'écume émergent une hanche,
De clairs cheveux, un torse ou la rose d'un sein.

Une gaîté divine emplit le grand bois sombre.
Mais deux yeux, brusquement, ont illuminé l'ombre.
Le Satyre !... Son rire épouvante leurs jeux ;

Elles s'élancent. Tel, lorsqu'un corbeau sinistre
Croasse, sur le fleuve éperdument neigeux,
S'effarouche le vol des cygnes du Caÿstre.

LE VASE

L'IVOIRE est ciselé d'une main fine et telle
Que l'on voit les forêts de Colchide et Jason
Et Médée aux grands yeux magiques. La Toison
Repose, étincelante, au sommet d'une stèle.

Auprès d'eux est couché le Nil, source immortelle
Des fleuves; et, plus loin, ivres du doux poison,
Les Bacchantes, d'un pampre à l'ample frondaison
Enguirlandent le joug des taureaux qu'on dételle.

Au-dessous, c'est un choc hurlant de cavaliers;
Puis les héros rentrant morts sur leurs boucliers
Et les vieillards plaintifs et les larmes des mères.

Enfin, en forme d'anse arrondissant leurs flancs,
Et posant aux deux bords leurs seins fermes et blancs,
Dans le vase sans fond s'abreuvent des Chimères.

ARIANE

Au choc clair et vibrant des cymbales d'airain,
Nue, allongée au dos d'un grand tigre, la Reine
Regarde, avec l'Orgie immense qu'il entraîne,
Iacchos s'avancer sur le sable marin.

Et le monstre royal, ployant son large rein,
Sous le poids adoré foule la blonde arène,
Et, frôlé par la main d'où pend l'errante rêne,
En rugissant d'amour mord les fleurs de son frein.

Laissant sa chevelure à son flanc qui se cambre
Parmi les noirs raisins rouler ses grappes d'ambre,
L'Épouse n'entend pas le sourd rugissement;

Et sa bouche éperdue, ivre enfin d'ambroisie,
Oubliant ses longs cris vers l'infidèle amant,
Rit au baiser prochain du Dompteur de l'Asie.

BACCHANALE

Une brusque clameur épouvante le Gange.
Les tigres ont rompu leurs jougs et, miaulants,
Ils bondissent, et sous leurs bonds et leurs élans
Les Bacchantes en fuite écrasent la vendange.

Et le pampre que l'ongle ou la morsure effrange
Rougit d'un noir raisin les gorges et les flancs
Où près des reins rayés luisent des ventres blancs
De léopards roulés dans la pourpre et la fange.

Sur les corps convulsifs les fauves éblouis,
Avec des grondements que prolonge un long râle,
Flairent un sang plus rouge à travers l'or du hâle;

Mais le Dieu, s'enivrant à ces jeux inouïs,
Par le thyrse et les cris les exaspère et mêle
Au mâle rugissant la hurlante femelle.

LE RÉVEIL D'UN DIEU

La chevelure éparse et la gorge meurtrie,
Irritant par les pleurs l'ivresse de leurs sens,
Les femmes de Byblos, en lugubres accents,
Mènent la funéraire et lente théorie.

Car sur le lit jonché d'anémone fleurie
Où la Mort avait clos ses longs yeux languissants,
Repose, parfumé d'aromate et d'encens,
Le jeune homme adoré des vierges de Syrie.

Jusqu'à l'aurore ainsi le chœur s'est lamenté.
Mais voici qu'il s'éveille à l'appel d'Astarté,
L'Époux mystérieux que le cinname arrose.

Il est ressuscité, l'antique adolescent!
Et le ciel tout en fleur semble une immense rose
Qu'un Adonis céleste a teinte de son sang.

LA MAGICIENNE

En tous lieux, même au pied des autels que j'embrasse,
Je la vois qui m'appelle et m'ouvre ses bras blancs.
O père vénérable, ô mère dont les flancs
M'ont porté, suis-je né d'une exécrable race?

L'Eumolpide vengeur n'a point dans Samothrace
Secoué vers le seuil les longs manteaux sanglants,
Et, malgré moi, je fuis, le cœur las, les pieds lents;
J'entends les chiens sacrés qui hurlent sur ma trace.

Partout je sens, j'aspire, à moi-même odieux,
Les noirs enchantements et les sinistres charmes
Dont m'enveloppe encor la colère des Dieux;

Car les grands Dieux ont fait d'irrésistibles armes
De sa bouche enivrante et de ses sombres yeux,
Pour armer contre moi ses baisers et ses larmes.

SPHINX

Au flanc du Cythéron, sous la ronce enfoui,
Le roc s'ouvre, repaire où resplendit au centre
Par l'éclat des yeux d'or, de la gorge et du ventre,
La Vierge aux ailes d'aigle et dont nul n'a joui.

Et l'Homme s'arrêta sur le seuil, ébloui.
— Quelle est l'ombre qui rend plus sombre encor mon antre ?
— L'Amour. — Es-tu le Dieu ? — Je suis le Héros. — Entre ;
Mais tu cherches la mort. L'oses-tu braver ? — Oui.

Bellérophon dompta la Chimère farouche.
— N'approche pas. — Ma lèvre a fait frémir ta bouche...
— Viens donc ! Entre mes bras tes os vont se briser ;

Mes ongles dans ta chair... — Qu'importe le supplice,
Si j'ai conquis la gloire et ravi le baiser ?
— Tu triomphes en vain, car tu meurs. — O délice !...

MARSYAS

Les pins du bois natal que charmait ton haleine
N'ont pas brûlé ta chair, ô malheureux! Tes os
Sont dissous, et ton sang s'écoule avec les eaux
Que les monts de Phrygie épanchent vers la plaine.

Le jaloux Citharède, orgueil du ciel hellène,
De son plectre de fer a brisé tes roseaux
Qui, domptant les lions, enseignaient les oiseaux;
Il ne reste plus rien du chanteur de Célène.

Rien qu'un lambeau sanglant qui flotte au tronc de l'if
Auquel on l'a lié pour l'écorcher tout vif.
O Dieu cruel! O cris! Voix lamentable et tendre!

Non, vous n'entendrez plus, sous un doigt trop savant,
La flûte soupirer aux rives du Méandre...
Car la peau du Satyre est le jouet du vent.

PERSÉE ET ANDROMÈDE

ANDROMÈDE AU MONSTRE

La Vierge Céphéenne, hélas! encor vivante,
Liée, échevelée, au roc des noirs îlots,
Se lamente en tordant avec de vains sanglots
Sa chair royale où court un frisson d'épouvante.

L'Océan monstrueux que la tempête évente
Crache à ses pieds glacés l'âcre bave des flots,
Et partout elle voit, à travers ses cils clos,
Bâiller la gueule glauque, innombrable et mouvante.

Tel qu'un éclat de foudre en un ciel sans éclair,
Tout à coup, retentit un hennissement clair.
Ses yeux s'ouvrent. L'horreur les emplit, et l'extase ;

Car elle a vu, d'un vol vertigineux et sûr,
Se cabrant sous le poids du fils de Zeus, Pégase
Allonger sur la mer sa grande ombre d'azur.

PERSÉE ET ANDROMÈDE

Au milieu de l'écume arrêtant son essor,
Le Cavalier vainqueur du monstre et de Méduse,
Ruisselant d'une bave horrible où le sang fuse,
Emporte entre ses bras la vierge aux cheveux d'or.

Sur l'étalon divin, frère de Chrysaor,
Qui piaffe dans la mer et hennit et refuse,
Il a posé l'Amante éperdue et confuse
Qui lui rit et l'étreint et qui sanglote encor.

Il l'embrasse. La houle enveloppe leur groupe.
Elle, d'un faible effort, ramène sur la croupe
Ses beaux pieds qu'en fuyant baise un flot vagabond;

Mais Pégase irrité par le fouet de la lame,
A l'appel du Héros s'enlevant d'un seul bond,
Bat le ciel ébloui de ses ailes de flamme.

LE RAVISSEMENT D'ANDROMÈDE

D'un vol silencieux, le grand Cheval ailé
Soufflant de ses naseaux élargis l'air qui fume,
Les emporte avec un frémissement de plume
A travers la nuit bleue et l'éther étoilé.

Ils vont. L'Afrique plonge au gouffre flagellé,
Puis l'Asie... un désert... le Liban ceint de brume...
Et voici qu'apparaît, toute blanche d'écume,
La mer mystérieuse où vint sombrer Hellé.

Et le vent gonfle ainsi que deux immenses voiles
Les ailes qui, volant d'étoiles en étoiles,
Aux amants enlacés font un tiède berceau ;

Tandis que, l'œil au ciel où palpite leur ombre,
Ils voient, irradiant du Bélier au Verseau,
Leurs constellations poindre dans l'azur sombre.

ÉPIGRAMMES ET BUCOLIQUES

LE CHEVRIER

O berger, ne suis pas dans cet âpre ravin
Les bonds capricieux de ce bouc indocile;
Aux pentes du Ménale, où l'été nous exile,
La nuit monte trop vite et ton espoir est vain.

Restons ici, veux-tu? J'ai des figues, du vin.
Nous attendrons le jour en ce sauvage asile.
Mais parle bas. Les Dieux sont partout, ô Mnasyle!
Hécate nous regarde avec son œil divin.

Ce trou d'ombre, là-bas, est l'antre où se retire
Le Démon familier des hauts lieux, le Satyre;
Peut-être il sortira, si nous ne l'effrayons.

Entends-tu le pipeau qui chante sur ses lèvres?
C'est lui! Sa double corne accroche les rayons,
Et, vois, au clair de lune il fait danser mes chèvres!

LES BERGERS

Viens. Le sentier s'enfonce aux gorges du Cyllène;
Voici l'antre et la source, et c'est là qu'il se plaît
A dormir sur un lit d'herbe et de serpolet
A l'ombre du grand pin où chante son haleine.

Attache à ce vieux tronc moussu la brebis pleine.
Sais-tu qu'avant un mois, avec son agnelet,
Elle lui donnera des fromages, du lait?
Les Nymphes fileront un manteau de sa laine.

Sois-nous propice, Pan! ô Chèvre-pied, gardien
Des troupeaux que nourrit le mont Arcadien,
Je t'invoque... Il entend! J'ai vu tressaillir l'arbre.

Partons. Le soleil plonge au couchant radieux.
Le don du pauvre, ami, vaut un autel de marbre,
Si d'un cœur simple et pur l'offrande est faite aux Dieux.

ÉPIGRAMME VOTIVE

Au rude Arès! A la belliqueuse Discorde!
Aide-moi, je suis vieux, à suspendre au pilier
Mes glaives ébréchés et mon lourd bouclier,
Et ce casque rompu qu'un crin sanglant déborde.

Joins-y cet arc. Mais, dis, convient-il que je torde
Le chanvre autour du bois? — c'est un dur néflier
Que nul autre jamais n'a su faire plier —
Ou que d'un bras tremblant je tende encor la corde?

Prends aussi le carquois. Ton œil semble chercher
En leur gaîne de cuir les armes de l'archer,
Les flèches que le vent des batailles disperse;

Il est vide. Tu crois que j'ai perdu mes traits?
Au champ de Marathon tu les retrouverais,
Car ils y sont restés dans la gorge du Perse.

ÉPIGRAMME FUNÉRAIRE

Ici gît, Étranger, la verte sauterelle
Que durant deux saisons nourrit la jeune Hellé,
Et dont l'aile vibrant sous le pied dentelé
Bruissait dans le pin, le cytise ou l'airelle.

Elle s'est tue, hélas! la lyre naturelle,
La muse des guérets, des sillons et du blé;
De peur que son léger sommeil ne soit troublé,
Ah! passe vite, ami, ne pèse point sur elle.

C'est là. Blanche, au milieu d'une touffe de thym,
Sa pierre funéraire est fraîchement posée.
Que d'hommes n'ont pas eu ce suprême destin!

Des larmes d'un enfant sa tombe est arrosée,
Et l'Aurore pieuse y fait chaque matin
Une libation de gouttes de rosée.

LE NAUFRAGÉ

Avec la brise en poupe et par un ciel serein,
Voyant le Phare fuir à travers la mâture,
Il est parti d'Égypte au lever de l'Arcture,
Fier de sa nef rapide aux flancs doublés d'airain.

Il ne reverra plus le môle Alexandrin.
Dans le sable où pas même un chevreau ne pâture
La tempête a creusé sa triste sépulture;
Le vent du large y tord quelque arbuste marin.

Au pli le plus profond de la mouvante dune,
En la nuit sans aurore et sans astre et sans lune,
Que le navigateur trouve enfin le repos!

O Terre, ô Mer, pitié pour son ombre anxieuse!
Et sur la rive hellène où sont venus ses os,
Soyez-lui, toi, légère, et toi, silencieuse.

LA PRIÈRE DU MORT

Arrête! Écoute-moi, voyageur. Si tes pas
Te portent vers Cypsèle et les rives de l'Hèbre,
Cherche le vieil Hyllos et dis-lui qu'il célèbre
Un long deuil pour le fils qu'il ne reverra pas.

Ma chair assassinée a servi de repas
Aux loups. Le reste gît en ce hallier funèbre.
Et l'Ombre errante aux bords que l'Érèbe enténèbre
S'indigne et pleure. Nul n'a vengé mon trépas.

Pars donc. Et si jamais, à l'heure où le jour tombe,
Tu rencontres au pied d'un tertre ou d'une tombe
Une femme au front blanc que voile un noir lambeau;

Approche-toi, ne crains ni la nuit ni les charmes;
C'est ma mère, Étranger, qui sur un vain tombeau
Embrasse une urne vide et l'emplit de ses larmes.

L'ESCLAVE

Tel, nu, sordide, affreux, nourri des plus vils mets,
Esclave — vois, mon corps en a gardé les signes —
Je suis né libre au fond du golfe aux belles lignes
Où l'Hybla plein de miel mire ses bleus sommets.

J'ai quitté l'île heureuse, hélas!... Ah! si jamais
Vers Syracuse et les abeilles et les vignes
Tu retournes, suivant le vol vernal des cygnes,
Cher hôte, informe-toi de celle que j'aimais.

Reverrai-je ses yeux de sombre violette,
Si purs, sourire au ciel natal qui s'y reflète
Sous l'arc victorieux que tend un sourcil noir?

Sois pitoyable! Pars, va, cherche Cléariste
Et dis-lui que je vis encor pour la revoir.
Tu la reconnaîtras, car elle est toujours triste.

LE LABOUREUR

Le semoir, la charrue, un joug, des socs luisants,
La herse, l'aiguillon et la faulx acérée
Qui fauchait en un jour les épis d'une airée,
Et la fourche qui tend la gerbe aux paysans;

Ces outils familiers, aujourd'hui trop pesants,
Le vieux Parmis les voue à l'immortelle Rhée
Par qui le germe éclôt sous la terre sacrée.
Pour lui, sa tâche est faite; il a quatre-vingts ans.

Près d'un siècle, au soleil, sans en être plus riche,
Il a poussé le coutre au travers de la friche;
Ayant vécu sans joie, il vieillit sans remords.

Mais il est las d'avoir tant peiné sur la glèbe
Et songe que peut-être il faudra, chez les morts,
Labourer des champs d'ombre arrosés par l'Érèbe.

A. HERMÈS CRIOPHORE

Pour que le compagnon des Naïades se plaise
A rendre la brebis agréable au bélier
Et qu'il veuille par lui sans fin multiplier
L'errant troupeau qui broute aux berges du Galèse;

Il faut lui faire fête et qu'il se sente à l'aise
Sous le toit de roseaux du pâtre hospitalier;
Le sacrifice est doux au Démon familier
Sur la table de marbre ou sur un bloc de glaise.

Donc, honorons Hermès. Le subtil Immortel
Préfère à la splendeur du temple et de l'autel
La main pure immolant la victime impollue.

Ami, dressons un tertre aux bornes de ton pré
Et qu'un vieux bouc, du sang de sa gorge velue,
Fasse l'argile noire et le gazon pourpré.

LA JEUNE MORTE

Qui que tu sois, Vivant, passe vite parmi
L'herbe du tertre où gît ma cendre inconsolée;
Ne foule point les fleurs de l'humble mausolée
D'où j'écoute ramper le lierre et la fourmi.

Tu t'arrêtes? Un chant de colombe a gémi.
Non! qu'elle ne soit pas sur ma tombe immolée!
Si tu veux m'être cher, donne-lui la volée.
La vie est si douce, ah! laisse-la vivre, ami.

Le sais-tu? sous le myrte enguirlandant la porte,
Épouse et vierge, au seuil nuptial, je suis morte,
Si proche et déjà loin de celui que j'aimais.

Mes yeux se sont fermés à la lumière heureuse,
Et maintenant j'habite, hélas! et pour jamais,
L'inexorable Érèbe et la Nuit Ténébreuse.

REGILLA

Passant, ce marbre couvre Annia Regilla
Du sang de Ganymède et d'Aphrodite née.
Le noble Hérode aima cette fille d'Énée.
Heureuse, jeune et belle, elle est morte. Plains-la.

Car l'Ombre dont le corps délicieux gît là,
Chez le prince infernal de l'Ile Fortunée
Compte les jours, les mois et la si longue année
Depuis que loin des siens la Parque l'exila.

Hanté du souvenir de sa forme charmante,
L'Époux désespéré se lamente et tourmente
La pourpre sans sommeil du lit d'ivoire et d'or.

Il tarde. Il ne vient pas. Et l'âme de l'Amante,
Anxieuse, espérant qu'il vienne, vole encor
Autour du sceptre noir que lève Rhadamanthe.

LE COUREUR

Tel que Delphes l'a vu quand, Thymos le suivant,
Il volait par le stade aux clameurs de la foule,
Tel Ladas court encor sur le socle qu'il foule
D'un pied de bronze, svelte et plus vif que le vent.

Le bras tendu, l'œil fixe et le torse en avant,
Une sueur d'airain à son front perle et coule;
On dirait que l'athlète a jailli hors du moule,
Tandis que le sculpteur le fondait, tout vivant.

Il palpite, il frémit d'espérance et de fièvre,
Son flanc halète, l'air qu'il fend manque à sa lèvre
Et l'effort fait saillir ses muscles de métal;

L'irrésistible élan de la course l'entraîne
Et passant par-dessus son propre piédestal,
Vers la palme et le but il va fuir dans l'arène.

LE COCHER

ÉTRANGER, celui qui, debout au timon d'or,
Maîtrise d'une main par leur quadruple rêne
Ses chevaux noirs et tient de l'autre un fouet de frêne,
Guide un quadrige mieux que le héros Castor.

Issu d'un père illustre et plus illustre encor...
Mais vers la borne rouge où la course l'entraîne,
Il part, semant déjà ses rivaux sur l'arène,
Le Libyen hardi cher à l'Autocrator.

Dans le cirque ébloui, vers le but et la palme,
Sept fois, triomphateur vertigineux et calme,
Il a tourné. Salut, fils de Calchas le Bleu!

Et tu vas voir, si l'œil d'un mortel peut suffire
A cette apothéose où fuit un char de feu,
La Victoire voler pour rejoindre Porphyre.

SUR L'OTHRYS

L'air fraîchit. Le soleil plonge au ciel radieux.
Le bétail ne craint plus le taon ni le bupreste.
Aux pentes de l'Othrys l'ombre est plus longue. Reste,
Reste avec moi, cher hôte envoyé par les Dieux.

Tandis que tu boiras un lait fumant, tes yeux
Contempleront du seuil de ma cabane agreste,
Des cimes de l'Olympe aux neiges du Thymphreste,
La riche Thessalie et les monts glorieux.

Vois la mer et l'Eubée et, rouge au crépuscule,
Le Callidrome sombre et l'Œta, dont Hercule
Fit son bûcher suprême et son premier autel;

Et là-bas, à travers la lumineuse gaze,
Le Parnasse où, le soir, las d'un vol immortel,
Se pose, et d'où s'envole, à l'aurore, Pégase!

ROME

ET LES BARBARES

POUR LE VAISSEAU DE VIRGILE

Que vos astres plus clairs gardent mieux du danger,
Dioscures brillants, divins frères d'Hélène,
Le poète latin qui veut, au ciel hellène,
Voir les Cyclades d'or de l'azur émerger.

Que des souffles de l'air, de tous le plus léger,
Que le doux Iapyx, redoublant son haleine,
D'une brise embaumée enfle la voile pleine
Et pousse le navire au rivage étranger.

A travers l'Archipel où le dauphin se joue,
Guidez heureusement le chanteur de Mantoue;
Prêtez-lui, fils du Cygne, un fraternel rayon.

La moitié de mon âme est dans la nef fragile
Qui, sur la mer sacrée où chantait Arion,
Vers la terre des Dieux porte le grand Virgile.

VILLULA

Oui, c'est au vieux Gallus qu'appartient l'héritage
Que tu vois au penchant du coteau cisalpin;
La maison tout entière est à l'abri d'un pin
Et le chaume du toit couvre à peine un étage.

Il suffit pour qu'un hôte avec lui le partage.
Il a sa vigne, un four à cuire plus d'un pain,
Et dans son potager foisonne le lupin.
C'est peu? Gallus n'a pas désiré davantage.

Son bois donne un fagot ou deux tous les hivers,
Et de l'ombre, l'été, sous les feuillages verts;
A l'automne on y prend quelque grive au passage.

C'est là que, satisfait de son destin borné,
Gallus finit de vivre où jadis il est né.
Va, tu sais à présent que Gallus est un sage.

LA FLUTE

Voici le soir. Au ciel passe un vol de pigeons.
Rien ne vaut pour charmer une amoureuse fièvre,
O chevrier, le son d'un pipeau sur la lèvre
Qu'accompagne un bruit frais de source entre les joncs.

A l'ombre du platane où nous nous allongeons
L'herbe est plus molle. Laisse, ami, l'errante chèvre,
Sourde aux chevrotements du chevreau qu'elle sèvre,
Escalader la roche et brouter les bourgeons.

Ma flûte, faite avec sept tiges de ciguë
Inégales que joint un peu de cire, aiguë
Ou grave, pleure, chante ou gémit à mon gré.

Viens. Nous t'enseignerons l'art divin du Silène,
Et tes soupirs d'amour, de ce tuyau sacré,
S'envoleront parmi l'harmonieuse haleine.

A SEXTIUS

Le ciel est clair. La barque a glissé sur les sables.
Les vergers sont fleuris et le givre argentin
N'irise plus les prés au soleil du matin.
Les bœufs et le bouvier désertent les étables.

Tout renaît. Mais la Mort et ses funèbres fables
Nous pressent, et, pour toi, seul le jour est certain
Où les dés renversés en un libre festin
Ne t'assigneront plus la royauté des tables.

La vie, ô Sextius, est brève. Hâtons-nous
De vivre. Déjà l'âge a rompu nos genoux.
Il n'est pas de printemps au froid pays des Ombres.

Viens donc. Les bois sont verts, et voici la saison
D'immoler à Faunus, en ses retraites sombres,
Un bouc noir ou l'agnelle à la blanche toison.

HORTORUM DEUS

I

Olim truncus eram ficulnus.
HORACE.

A Paul Arène

N'APPROCHE pas! Va-t'en! Passe au large, Étranger!
Insidieux pillard, tu voudrais, j'imagine,
Dérober les raisins, l'olive ou l'aubergine
Que le soleil mûrit à l'ombre du verger?

J'y veille. A coups de serpe, autrefois, un berger
M'a taillé dans le tronc d'un dur figuier d'Égine;
Ris du sculpteur, Passant, mais songe à l'origine
De Priape, et qu'il peut rudement se venger.

Jadis, cher aux marins, sur un bec de galère
Je me dressais, vermeil, joyeux de la colère
Écumante ou du rire éblouissant des flots;

A présent, vil gardien de fruits et de salades,
Contre les maraudeurs je défends cet enclos...
Et je ne verrai plus les riantes Cyclades.

II

Hujus nam domini colunt me Deumque salutant.
CATULLE.

Respecte, ô Voyageur, si tu crains ma colère,
Cet humble toit de joncs tressés et de glaïeul.
Là, parmi ses enfants, vit un robuste aïeul ;
C'est le maître du clos et de la source claire.

Et c'est lui qui planta droit au milieu de l'aire
Mon emblème équarri dans un cœur de tilleul ;
Il n'a point d'autres Dieux, aussi je garde seul
Le verger qu'il cultive et fleurit pour me plaire.

Ce sont de pauvres gens, rustiques et dévots.
Par eux, la violette et les sombres pavots
Ornent ma gaîne avec les verts épis de l'orge ;

Et toujours, deux fois l'an, l'agreste autel a bu,
Sous le couteau sacré du colon qui l'égorge,
Le sang d'un jeune bouc impudique et barbu.

III

> *Ecce villicus*
> *Venit...*
> CATULLE.

Holà, maudits enfants! Gare au piège, à la trappe,
Au chien! Je ne veux plus, moi qui garde ce lieu,
Qu'on vienne, sous couleur d'y querir un caïeu
D'ail, piller mes fruitiers et grappiller ma grappe.

D'ailleurs, là-bas, du fond des chaumes qu'il étrape,
Le colon vous épie, et, s'il vient, par mon pieu!
Vos reins sauront alors tout ce que pèse un Dieu
De bois dur emmanché d'un bras d'homme qui frappe.

Vite, prenez la sente à gauche, suivez-la
Jusqu'au bout de la haie où croît ce hêtre, et là
Profitez de l'avis qu'on vous glisse à l'oreille :

Un négligent Priape habite au clos voisin.
D'ici, vous pouvez voir les piliers de sa treille
Où sous l'ombre du pampre a rougi le raisin.

IV

Mihi corolla picta vere ponitur.
CATULLE.

ENTRE donc. Mes piliers sont fraîchement crépis,
Et sous ma treille neuve où le soleil se glisse
L'ombre est plus douce. L'air embaume la mélisse.
Avril jonche la terre en fleur d'un frais tapis.

Les saisons tour à tour me parent : blonds épis,
Raisins mûrs, verte olive ou printanier calice;
Et le lait du matin caille encor sur l'éclisse
Que la chèvre me tend la mamelle et le pis.

Le maître de ce clos m'honore. J'en suis digne.
Jamais grive ou larron ne marauda sa vigne
Et nul n'est mieux gardé de tout le Champ Romain.

Les fils sont beaux, la femme est vertueuse, et l'homme,
Chaque soir de marché, fait tinter dans sa main
Les deniers d'argent clair qu'il rapporte de Rome.

V

Rigetque dura barba juncta crystallo.
Diversorum Poetarum Lusus.

Quel froid! le givre brille aux derniers pampres verts;
Je guette le soleil, car je sais l'heure exacte
Où l'aurore rougit les neiges du Soracte.
Le sort d'un Dieu champêtre est dur. L'homme est pervers.

Dans ce clos ruiné, seul, depuis vingt hivers
Je me morfonds. Ma barbe est hirsute et compacte,
Mon vermillon s'écaille et mon bois se rétracte
Et se gerce, et j'ai peur d'être piqué des vers.

Que ne suis-je un Pénate ou même simple Lare
Domestique, repeint, repu, toujours hilare,
Gorgé de miel, de fruits ou ceint des fleurs d'avril!

Près des aïeux de cire, au fond du vestibule,
Je vieillirais et les enfants, au jour viril,
A mon col vénéré viendraient pendre leur bulle.

LE TEPIDARIUM

La myrrhe a parfumé leurs membres assouplis;
Elles rêvent, goûtant la tiédeur de Décembre,
Et le brasier de bronze illuminant la chambre
Jette la flamme et l'ombre à leurs beaux fronts pâlis.

Aux coussins de byssus, dans la pourpre des lits,
Sans bruit, parfois un corps de marbre rose ou d'ambre
Ou se soulève à peine ou s'allonge ou se cambre;
Le lin voluptueux dessine de longs plis.

Sentant à sa chair nue errer l'ardent effluve,
Une femme d'Asie, au milieu de l'étuve,
Tord ses bras énervés en un ennui serein;

Et le pâle troupeau des filles d'Ausonie
S'enivre de la riche et sauvage harmonie
Des noirs cheveux roulant sur un torse d'airain.

TRANQUILLUS

C. Plinii Secundi Epist. Lib. I, Ep. XXIV.

C'est dans ce doux pays qu'a vécu Suétone ;
Et de l'humble villa voisine de Tibur,
Parmi la vigne, il reste encore un pan de mur,
Un arceau ruiné que le pampre festonne.

C'est là qu'il se plaisait à venir, chaque automne,
Loin de Rome, aux rayons des derniers ciels d'azur,
Vendanger ses ormeaux qu'alourdit le cep mûr.
Là sa vie a coulé tranquille et monotone.

Au milieu de la paix pastorale, c'est là
Que l'ont hanté Néron, Claude, Caligula,
Messaline rôdant sous la stole pourprée ;

Et que, du fer d'un style à la pointe acérée
Égratignant la cire impitoyable, il a
Décrit les noirs loisirs du vieillard de Caprée.

LUPERCUS

M. Val. Martialis Lib. I, Epigr. CXVIII.

Lupercus, du plus loin qu'il me voit : — Cher poète,
Ta nouvelle épigramme est du meilleur latin;
Dis, veux-tu, j'enverrai chez toi demain matin,
Me prêter les rouleaux de ton œuvre complète?

— Non. Ton esclave boite, il est vieux, il halète,
Mes escaliers sont durs et mon logis lointain;
Ne demeures-tu pas auprès du Palatin?
Atrectus, mon libraire, habite l'Argilète.

Sa boutique est au coin du Forum. Il y vend
Les volumes des morts et celui du vivant,
Virgile et Silius, Pline, Térence ou Phèdre;

Là, sur l'un des rayons, et non certe aux derniers,
Poncé, vêtu de pourpre et dans un nid de cèdre,
Martial est en vente au prix de cinq deniers.

LA TREBBIA

L'aube d'un jour sinistre a blanchi les hauteurs.
Le camp s'éveille. En bas roule et gronde le fleuve
Où l'escadron léger des Numides s'abreuve.
Partout sonne l'appel clair des buccinateurs.

Car malgré Scipion, les augures menteurs,
La Trebbia débordée, et qu'il vente et qu'il pleuve,
Sempronius Consul, fier de sa gloire neuve,
A fait lever la hache et marcher les licteurs.

Rougissant le ciel noir de flamboîments lugubres,
A l'horizon, brûlaient les villages Insubres;
On entendait au loin barrir un éléphant.

Et là-bas, sous le pont, adossé contre une arche,
Hannibal écoutait, pensif et triomphant,
Le piétinement sourd des légions en marche.

APRÈS CANNES

Un des consuls tué, l'autre fuit vers Linterne
Ou Venuse. L'Aufide a débordé, trop plein
De morts et d'armes. La foudre au Capitolin
Tombe, le bronze sue et le ciel rouge est terne.

En vain le Grand Pontife a fait un lectisterne
Et consulté deux fois l'oracle sibyllin;
D'un long sanglot l'aïeul, la veuve, l'orphelin
Emplissent Rome en deuil que la terreur consterne.

Et chaque soir la foule allait aux aqueducs,
Plèbe, esclaves, enfants, femmes, vieillards caducs
Et tout ce que vomit Subure et l'ergastule;

Tous anxieux de voir surgir, au dos vermeil
Des monts Sabins où luit l'œil sanglant du soleil,
Le Chef borgne monté sur l'éléphant Gétule.

A UN TRIOMPHATEUR

Fais sculpter sur ton arc, Imperator illustre,
Des files de guerriers barbares, de vieux chefs
Sous le joug, des tronçons d'armures et de nefs,
Et la flotte captive et le rostre et l'aplustre.

Quel que tu sois, issu d'Ancus ou né d'un rustre,
Tes noms, famille, honneurs et titres, longs ou brefs,
Grave-les dans la frise et dans les bas-reliefs
Profondément, de peur que l'avenir te frustre.

Déjà le Temps brandit l'arme fatale. As-tu
L'espoir d'éterniser le bruit de ta vertu?
Un vil lierre suffit à disjoindre un trophée;

Et seul, aux blocs épars des marbres triomphaux
Où ta gloire en ruine est par l'herbe étouffée,
Quelque faucheur Samnite ébréchera sa faulx.

ANTOINE ET CLÉOPATRE

LE CYDNUS

Sous l'azur triomphal, au soleil qui flamboie,
La trirème d'argent blanchit le fleuve noir
Et son sillage y laisse un parfum d'encensoir
Avec des sons de flûte et des frissons de soie.

A la proue éclatante où l'épervier s'éploie,
Hors de son dais royal se penchant pour mieux voir,
Cléopâtre debout en la splendeur du soir
Semble un grand oiseau d'or qui guette au loin sa proie.

Voici Tarse, où l'attend le guerrier désarmé;
Et la brune Lagide ouvre dans l'air charmé
Ses bras d'ambre où la pourpre a mis des reflets roses.

Et ses yeux n'ont pas vu, présages de son sort,
Auprès d'elle, effeuillant sur l'eau sombre des roses,
Les deux enfants divins, le Désir et la Mort.

SOIR DE BATAILLE

Le choc avait été très rude. Les tribuns
Et les centurions, ralliant les cohortes,
Humaient encor dans l'air où vibraient leurs voix fortes
La chaleur du carnage et ses âcres parfums.

D'un œil morne, comptant leurs compagnons défunts,
Les soldats regardaient, comme des feuilles mortes,
Au loin, tourbillonner les archers de Phraortes;
Et la sueur coulait de leurs visages bruns.

C'est alors qu'apparut, tout hérissé de flèches,
Rouge du flux vermeil de ses blessures fraîches,
Sous la pourpre flottante et l'airain rutilant,

Au fracas des buccins qui sonnaient leur fanfare,
Superbe, maîtrisant son cheval qui s'effare,
Sur le ciel enflammé, l'Imperator sanglant.

ANTOINE ET CLÉOPATRE

Tous deux ils regardaient, de la haute terrasse,
L'Égypte s'endormir sous un ciel étouffant
Et le Fleuve, à travers le Delta noir qu'il fend,
Vers Bubaste ou Saïs rouler son onde grasse.

Et le Romain sentait sous la lourde cuirasse,
Soldat captif berçant le sommeil d'un enfant,
Ployer et défaillir sur son cœur triomphant
Le corps voluptueux que son étreinte embrasse.

Tournant sa tête pâle entre ses cheveux bruns
Vers celui qu'enivraient d'invincibles parfums,
Elle tendit sa bouche et ses prunelles claires;

Et sur elle courbé, l'ardent Imperator
Vit dans ses larges yeux étoilés de points d'or
Toute une mer immense où fuyaient des galères.

SONNETS ÉPIGRAPHIQUES

LE VOEU

ILIXONI
DEO
FAB. FESTA
V. S. L. M.

ISCITTO DEO
HVNNV
VLOHOXIS
FIL.
V. S. L. M.

Jadis l'Ibère noir et le Gall au poil fauve
Et le Garumne brun peint d'ocre et de carmin,
Sur le marbre votif entaillé par leur main,
Ont dit l'eau bienfaisante et sa vertu qui sauve.

Puis les Imperators, sous le Venasque chauve,
Bâtirent la piscine et le therme romain,
Et Fabia Festa, par ce même chemin,
A cueilli pour les Dieux la verveine ou la mauve.

Aujourd'hui, comme aux jours d'Iscitt et d'Ilixon,
Les sources m'ont chanté leur divine chanson;
Le soufre fume encore à l'air pur des moraines.

C'est pourquoi, dans ces vers, accomplissant les vœux,
Tel qu'autrefois Hunnu, fils d'Ulohox, je veux
Dresser l'autel barbare aux Nymphes Souterraines.

LA SOURCE

NYMPHIS. AUG. SACRUM.

L'AUTEL gît sous la ronce et l'herbe enseveli;
Et la Source sans nom qui goutte à goutte tombe
D'un son plaintif emplit la solitaire combe.
C'est la Nymphe qui pleure un éternel oubli.

L'inutile miroir que ne ride aucun pli
A peine est effleuré par un vol de colombe
Et la lune, parfois, qui du ciel noir surplombe,
Seule, y reflète encore un visage pâli.

De loin en loin, un pâtre errant s'y désaltère.
Il boit, et sur la dalle antique du chemin
Verse un peu d'eau resté dans le creux de sa main.

Il a fait, malgré lui, le geste héréditaire,
Et ses yeux n'ont pas vu sur le cippe romain
Le vase libatoire auprès de la patère.

LE DIEU HÊTRE

FAGO DEO.

Le Garumne a bâti sa rustique maison
Sous un grand hêtre au tronc musculeux comme un torse
Dont la sève d'un Dieu gonfle la blanche écorce.
La forêt maternelle est tout son horizon.

Car l'homme libre y trouve, au gré de la saison,
Les faînes, le bois, l'ombre, et les bêtes qu'il force
Avec l'arc ou l'épieu, le filet ou l'amorce,
Pour en manger la chair et vêtir leur toison.

Longtemps il a vécu riche, heureux et sans maître,
Et le soir, lorsqu'il rentre au logis, le vieux Hêtre
De ses bras familiers semble lui faire accueil;

Et quand la Mort viendra courber sa tête franche,
Ses petits-fils auront pour tailler son cercueil
L'incorruptible cœur de la maîtresse branche.

AUX MONTAGNES DIVINES

GEMINUS SERVUS
ET PRO SUIS CONSERVIS.

Glaciers bleus, pics de marbre et d'ardoise, granits,
Moraines dont le vent, du Néthou jusqu'à Bègle,
Arrache, brûle et tord le froment et le seigle,
Cols abrupts, lacs, forêts pleines d'ombre et de nids!

Antres sourds, noirs vallons que les anciens bannis,
Plutôt que de ployer sous la servile règle,
Hantèrent avec l'ours, le loup, l'isard et l'aigle,
Précipices, torrents, gouffres, soyez bénis!

Ayant fui l'ergastule et le dur municipe,
L'esclave Geminus a dédié ce cippe
Aux Monts, gardiens sacrés de l'âpre liberté;

Et sur ces sommets clairs où le silence vibre,
Dans l'air inviolable, immense et pur, jeté,
Je crois entendre encor le cri d'un homme libre!

L'EXILÉE

MONTIBUS...
GARRI DEO...
SABINULA.
V. S. L. M.

Dans ce vallon sauvage où César t'exila,
Sur la roche moussue, au chemin d'Ardiège,
Penchant ton front qu'argente une précoce neige,
Chaque soir, à pas lents, tu viens t'accouder là.

Tu revois ta jeunesse et ta chère villa
Et le Flamine rouge avec son blanc cortège;
Et lorsque le regret du sol latin t'assiège,
Tu regardes le ciel, triste Sabinula.

Vers le Gar éclatant aux sept pointes calcaires,
Les aigles attardés qui regagnent leurs aires
Emportent en leur vol tes rêves familiers;

Et seule, sans désirs, n'espérant rien de l'homme,
Tu dresses des autels aux Monts hospitaliers
Dont les Dieux plus prochains te consolent de Rome.

LE MOYEN AGE
ET LA RENAISSANCE

VITRAIL

Cette verrière a vu dames et hauts barons
Étincelants d'azur, d'or, de flamme et de nacre
Incliner, sous la dextre auguste qui consacre,
L'orgueil de leurs cimiers et de leurs chaperons;

Lorsqu'ils allaient, au bruit du cor ou des clairons,
Ayant le glaive au poing, le gerfaut ou le sacre,
Vers la plaine ou le bois, Byzance ou Saint-Jean d'Acre.
Partir pour la croisade ou le vol des hérons.

Aujourd'hui, les seigneurs auprès des châtelaines,
Avec le lévrier à leurs longues poulaines,
S'allongent aux carreaux de marbre blanc et noir;

Ils gisent là sans voix, sans geste et sans ouïe,
Et de leurs yeux de pierre ils regardent sans voir
La rose du vitrail toujours épanouie.

ÉPIPHANIE

Donc, Balthazar, Melchior et Gaspar, les Rois Mages,
Chargés de nefs d'argent, de vermeil et d'émaux
Et suivis d'un très long cortège de chameaux,
S'avancent, tels qu'ils sont dans les vieilles images.

De l'Orient lointain, ils portent leurs hommages
Aux pieds du fils de Dieu né pour guérir les maux
Que souffrent ici-bas l'homme et les animaux;
Un page noir soutient leurs robes à ramages.

Sur le seuil de l'étable où veille saint Joseph,
Ils ôtent humblement la couronne du chef
Pour saluer l'Enfant qui rit et les admire.

C'est ainsi qu'autrefois, sous Augustus Cæsar,
Sont venus, présentant l'or, l'encens et la myrrhe,
Les Rois Mages Gaspar, Melchior et Balthazar.

LE HUCHIER DE NAZARETH

Le bon maître huchier, pour finir un dressoir,
Courbé sur l'établi depuis l'aurore ahane,
Maniant tour à tour le rabot, le bédane
Et la râpe grinçante ou le dur polissoir.

Aussi, non sans plaisir, a-t-il vu, vers le soir,
S'allonger jusqu'au seuil l'ombre du grand platane
Où madame la Vierge et sa mère sainte Anne
Et Monseigneur Jésus près de lui vont s'asseoir.

L'air est brûlant et pas une feuille ne bouge;
Et saint Joseph, très las, a laissé choir la gouge
En s'essuyant le front au coin du tablier;

Mais l'Apprenti divin qu'une gloire enveloppe
Fait toujours, dans le fond obscur de l'atelier,
Voler des copeaux d'or au fil de sa varlope.

L'ESTOC

Au pommeau de l'épée on lit : Calixte Pape.
La tiare, les clefs, la barque et le tramail
Blasonnent, en reliefs d'un somptueux travail,
Le Bœuf héréditaire armoyé sur la chappe.

A la fusée, un dieu païen, Faune ou Priape,
Rit, engainé d'un lierre à graines de corail;
Et l'éclat du métal s'exalte sous l'émail
Si clair, que l'estoc brille encor plus qu'il ne frappe.

Maître Antonio Perez de Las Cellas forgea
Ce bâton pastoral pour le premier Borja,
Comme s'il pressentait sa fameuse lignée;

Et ce glaive dit mieux qu'Arioste ou Sannazar,
Par l'acier de sa lame et l'or de sa poignée,
Le pontife Alexandre et le prince César.

MÉDAILLE

Seigneur de Rimini, Vicaire et Podestà.
Son profil d'épervier vit, s'accuse ou recule
A la lueur d'airain d'un fauve crépuscule,
Dans l'orbe où Matteo de' Pastis l'incrusta.

Or, de tous les tyrans qu'un peuple détesta,
Nul, comte, marquis, duc, prince ou principicule,
Qu'il ait nom Ezzelin, Can, Galéas, Hercule,
Ne fut maître si fier que le Malatesta.

Celui-ci, le meilleur, ce Sigismond Pandolphe,
Mit à sang la Romagne et la Marche et le Golfe,
Bâtit un temple, fit l'amour et le chanta;

Et leurs femmes aussi sont rudes et sévères,
Car sur le même bronze où sourit Isotta,
L'éléphant triomphal foule des primevères.

SUIVANT PÉTRARQUE

Vous sortiez de l'église et, d'un geste pieux,
Vos nobles mains faisaient l'aumône au populaire
Et sous le porche obscur votre beauté si claire
Aux pauvres éblouis montrait tout l'or des cieux.

Et je vous saluai d'un salut gracieux,
Très humble, comme il sied à qui ne veut déplaire,
Quand, tirant votre mante et d'un air de colère
Vous détournant de moi, vous couvrîtes vos yeux.

Mais Amour qui commande au cœur le plus rebelle
Ne voulut pas souffrir que, moins tendre que belle,
La source de pitié me refusât merci ;

Et vous fûtes si lente à ramener le voile,
Que vos cils ombrageux palpitèrent ainsi
Qu'un noir feuillage où filtre un long rayon d'étoile.

SUR LE LIVRE DES AMOURS
DE PIERRE DE RONSARD

Jadis plus d'un amant, aux jardins de Bourgueil,
A gravé plus d'un nom dans l'écorce qu'il ouvre,
Et plus d'un cœur, sous l'or des hauts plafonds du Louvre,
A l'éclair d'un sourire a tressailli d'orgueil.

Qu'importe ? Rien n'a dit leur ivresse ou leur deuil,
Ils gisent tout entiers entre quatre ais de rouvre
Et nul n'a disputé, sous l'herbe qui les couvre,
Leur inerte poussière à l'oubli du cercueil.

Tout meurt. Marie, Hélène et toi, fière Cassandre,
Vos beaux corps ne seraient qu'une insensible cendre,
— Les roses et les lys n'ont pas de lendemain —

Si Ronsard, sur la Seine ou sur la blonde Loire,
N'eût tressé pour vos fronts, d'une immortelle main,
Aux myrtes de l'Amour le laurier de la Gloire.

LA BELLE VIOLE

A vous trouppe légère
Qui d'aile passagère
Par le monde volez...
JOACHIM DU BELLAY.

Accoudée au balcon d'où l'on voit le chemin
Qui va des bords de Loire aux rives d'Italie,
Sous un pâle rameau d'olive son front plie.
La violette en fleur se fanera demain.

La viole que frôle encor sa frêle main
Charme sa solitude et sa mélancolie,
Et son rêve s'envole à celui qui l'oublie
En foulant la poussière où gît l'orgueil Romain.

De celle qu'il nommait sa douceur Angevine,
Sur la corde vibrante erre l'âme divine
Quand l'angoisse d'amour étreint son cœur troublé ;

Et sa voix livre aux vents qui l'emportent loin d'elle,
Et le caresseront peut-être, l'infidèle,
Cette chanson qu'il fit pour un vanneur de blé.

ÉPITAPHE

Suivant les vers de Henri III.

O passant, c'est ici que repose Hyacinthe
Qui fut de son vivant seigneur de Maugiron ;
Il est mort — Dieu l'absolve et l'ait en son giron !
Tombé sur le terrain, il gît en terre sainte.

Nul, ni même Quélus, n'a mieux, de perles ceinte,
Porté la toque à plume ou la fraise à godron ;
Aussi vois-tu, sculpté par un nouveau Myron,
Dans ce marbre funèbre un rameau de jacinthe.

Après l'avoir baisé, fait tondre, et de sa main
Mis au linceul, Henry voulut qu'à Saint-Germain
Fût porté ce beau corps, hélas ! inerte et blême ;

Et jaloux qu'un tel deuil dure éternellement,
Il lui fit en l'église ériger cet emblème,
Des regrets d'Apollo triste et doux monument.

VÉLIN DORÉ

Vieux maître relieur, l'or que tu ciselas
Au dos du livre et dans l'épaisseur de la tranche
N'a plus, malgré les fers poussés d'une main franche,
La rutilante ardeur de ses premiers éclats.

Les chiffres enlacés que liait l'entrelacs
S'effacent chaque jour de la peau fine et blanche;
A peine si mes yeux peuvent suivre la branche
De lierre que tu fis serpenter sur les plats.

Mais cet ivoire souple et presque diaphane,
Marguerite, Marie, ou peut-être Diane,
De leurs doigts amoureux l'ont jadis caressé;

Et ce vélin pâli que dora Clovis Ève
Évoque, je ne sais par quel charme passé,
L'âme de leur parfum et l'ombre de leur rêve.

LA DOGARESSE

Le palais est de marbre où, le long des portiques,
Conversent des seigneurs que peignit Titien,
Et les colliers massifs au poids du marc ancien
Rehaussent la splendeur des rouges dalmatiques.

Ils regardent au fond des lagunes antiques,
De leurs yeux où reluit l'orgueil patricien,
Sous le pavillon clair du ciel vénitien
Étinceler l'azur des mers Adriatiques.

Et tandis que l'essaim brillant des cavaliers
Traîne la pourpre et l'or par les blancs escaliers
Joyeusement baignés d'une lumière bleue ;

Indolente et superbe, une Dame, à l'écart,
Se tournant à demi dans un flot de brocart,
Sourit au négrillon qui lui porte la queue.

SUR LE PONT-VIEUX

Antonio di Sandro orefice.

Le vaillant Maître Orfèvre, à l'œuvre dès matines,
Faisait, de ses pinceaux d'où s'égouttait l'émail,
Sur la paix niellée ou sur l'or du fermail
Épanouir la fleur des devises latines.

Sur le Pont, au son clair des cloches argentines,
La cape coudoyait le froc et le camail;
Et le soleil montant en un ciel de vitrail
Mettait un nimbe au front des belles Florentines.

Et prompts au rêve ardent qui les savait charmer,
Les apprentis, pensifs, oubliaient de fermer
Les mains des fiancés au chaton de la bague;

Tandis que d'un burin trempé comme un stylet,
Le jeune Cellini, sans rien voir, ciselait
Le combat des Titans au pommeau d'une dague.

LE VIEIL ORFÈVRE

Mieux qu'aucun maître inscrit au livre de maîtrise,
Qu'il ait nom Ruyz, Arphé, Ximeniz, Becerril,
J'ai serti le rubis, la perle et le béryl,
Tordu l'anse d'un vase et martelé sa frise.

Dans l'argent, sur l'émail où le paillon s'irise,
J'ai peint et j'ai sculpté, mettant l'âme en péril,
Au lieu de Christ en croix et du Saint sur le gril,
O honte! Bacchus ivre ou Danaé surprise.

J'ai de plus d'un estoc damasquiné le fer
Et, pour le vain orgueil de ces œuvres d'Enfer,
Aventuré ma part de l'éternelle Vie.

Aussi, voyant mon âge incliner vers le soir,
Je veux, ainsi que fit Fray Juan de Ségovie,
Mourir en ciselant dans l'or un ostensoir.

L'ÉPÉE

Crois-moi, pieux enfant, suis l'antique chemin.
L'épée aux quillons droits d'où part la branche torse,
Au poing d'un gentilhomme ardent et plein de force
Est un faix plus léger qu'un rituel romain.

Prends-la. L'Hercule d'or qui tiédit dans ta main,
Aux doigts de tes aïeux ayant poli son torse,
Gonfle plus fièrement, sous la splendide écorce,
Les beaux muscles de fer de son corps surhumain.

Brandis-la ! L'acier souple en bouquets d'étincelles
Pétille. Elle est solide, et sa lame est de celles
Qui font courir au cœur un orgueilleux frisson ;

Car elle porte au creux de sa brillante gorge,
Comme une noble Dame un joyau, le poinçon
De Julian del Rey, le prince de la forge.

A CLAUDIUS POPELIN

Dans le cadre de plomb des fragiles verrières,
Les maîtres d'autrefois ont peint de hauts barons
Et, de leurs doigts pieux tournant leurs chaperons,
Ployé l'humble genou des bourgeois en prières.

D'autres sur le vélin jauni des bréviaires
Enluminaient des Saints parmi de beaux fleurons,
Ou laissaient rutiler, en traits souples et prompts,
Les arabesques d'or au ventre des aiguières.

Aujourd'hui Claudius, leur fils et leur rival,
Faisant revivre en lui ces ouvriers sublimes,
A fixé son génie au solide métal;

C'est pourquoi j'ai voulu, sous l'émail de mes rimes,
Faire autour de son front glorieux verdoyer,
Pour les âges futurs, l'héroïque laurier.

ÉMAIL

Le four rougit; la plaque est prête. Prends ta lampe.
Modèle le paillon qui s'irise ardemment,
Et fixe avec le feu dans le sombre pigment
La poudre étincelante où ton pinceau se trempe.

Dis! ceindras-tu de myrte ou de laurier la tempe
Du penseur, du héros, du prince ou de l'amant?
Par quel Dieu feras-tu, sur un noir firmament,
Cabrer l'hydre écaillée ou le glauque hippocampe?

Non. Plutôt, en un orbe éclatant de saphir
Inscris un fier profil de guerrière d'Ophir,
Thalestris, Bradamante, Aude ou Penthésilée.

Et pour que sa beauté soit plus terrible encor,
Casque ses blonds cheveux de quelque bête ailée
Et fais bomber son sein sous la gorgone d'or.

RÊVES D'ÉMAIL

Ce soir, au réduit sombre où ronfle l'athanor,
Le grand feu prisonnier de la brique rougie
Exalte son ardeur et souffle sa magie
Au cuivre que l'émail fait plus riche que l'or.

Et sous mes pinceaux naît, vit, court et prend l'essor
Le peuple monstrueux de la mythologie,
Les Centaures, Pan, Sphinx, la Chimère, l'Orgie
Et, du sang de Gorgo, Pégase et Chrysaor.

Peindrai-je Achille en pleurs près de Penthésilée?
Orphée ouvrant les bras vers l'Épouse exilée
Sur la porte infernale aux infrangibles gonds?

Hercule terrassant le dogue de l'Averne,
Ou la Vierge qui tord au seuil de la caverne
Son corps épouvanté que flairent les Dragons?

LES CONQUÉRANTS

LES CONQUÉRANTS

Comme un vòl de gerfauts hors du charnier natal,
Fatigués de porter leurs misères hautaines,
De Palos de Moguer, routiers et capitaines
Partaient, ivres d'un rêve héroïque et brutal.

Ils allaient conquérir le fabuleux métal
Que Cipango mûrit dans ses mines lointaines,
Et les vents alizés inclinaient leurs antennes
Aux bords mystérieux du monde Occidental.

Chaque soir, espérant des lendemains épiques,
L'azur phosphorescent de la mer des Tropiques
Enchantait leur sommeil d'un mirage doré;

Ou penchés à l'avant des blanches caravelles,
Ils regardaient monter en un ciel ignoré
Du fond de l'Océan des étoiles nouvelles.

JOUVENCE

Juan Ponce de Leon, par le Diable tenté,
Déjà très vieux et plein des antiques études,
Voyant l'âge blanchir ses cheveux courts et rudes,
Prit la mer pour chercher la Source de Santé.

Sur sa belle Armada, d'un vain songe hanté,
Trois ans il explora les glauques solitudes,
Lorsque enfin, déchirant le brouillard des Bermudes,
La Floride apparut sous un ciel enchanté.

Et le Conquistador, bénissant sa folie,
Vint planter son pennon d'une main affaiblie
Dans la terre éclatante où s'ouvrait son tombeau.

Vieillard, tu fus heureux et ta fortune est telle
Que la Mort, malgré toi, fit ton rêve plus beau;
La Gloire t'a donné la Jeunesse immortelle.

LE TOMBEAU DU CONQUÉRANT

A l'ombre de la voûte en fleur des catalpas
Et des tulipiers noirs qu'étoile un blanc pétale,
Il ne repose point dans la terre fatale;
La Floride conquise a manqué sous ses pas.

Un vil tombeau messied à de pareils trépas.
Linceul du Conquérant de l'Inde Occidentale,
Tout le Meschacébé par-dessus lui s'étale.
Le Peau Rouge et l'ours gris ne le troubleront pas.

Il dort au lit profond creusé par les eaux vierges.
Qu'importe un monument funéraire, des cierges,
Le psaume et la chapelle ardente et l'ex-voto?

Puisque le vent du Nord, parmi les cyprières,
Pleure et chante à jamais d'éternelles prières
Sur le Grand Fleuve où gît Hernando de Soto.

CAROLO QUINTO IMPERANTE

Celui-là peut compter parmi les grands défunts,
Car son bras a guidé la première carène
A travers l'archipel des Jardins de la Reine
Où la brise éternelle est faite de parfums.

Plus que les ans, la houle et ses âcres embruns,
Les calmes de la mer embrasée et sereine
Et l'amour et l'effroi de l'antique sirène
Ont fait sa barbe blanche et blancs ses cheveux bruns.

Castille a triomphé par cet homme, et ses flottes
Ont sous lui complété l'empire sans pareil
Pour lequel ne pouvait se coucher le soleil;

C'est Bartolomé Ruiz, prince des vieux pilotes,
Qui, sur l'écu royal qu'elle enrichit encor,
Porte une ancre de sable à la gumène d'or.

L'ANCÊTRE

A Claudius Popelin.

La gloire a sillonné de ses illustres rides
Le visage hardi de ce grand Cavalier
Qui porte, sur son front que nul n'a fait plier,
Le hâle de la guerre et des soleils torrides.

En tous lieux, Côte-Ferme, îles, sierras arides,
Il a planté la croix, et, depuis l'escalier
Des Andes, promené son pennon familier
Jusqu'au golfe orageux qui blanchit les Florides.

Pour ses derniers neveux, Claudius, tes pinceaux,
Sous l'armure de bronze aux splendides rinceaux,
Font revivre l'aïeul fier et mélancolique;

Et ses yeux assombris semblent chercher encor
Dans le ciel de l'émail ardent et métallique
Les éblouissements de la Castille d'Or.

A UN FONDATEUR DE VILLE

Las de poursuivre en vain l'Ophir insaisissable,
Tu fondas, en un pli de ce golfe enchanté
Où l'étendard royal par tes mains fut planté,
Une Carthage neuve au pays de la Fable.

Tu voulais que ton nom ne fût point périssable,
Et tu crus l'avoir bien pour toujours cimenté
A ce mortier sanglant dont tu fis ta cité;
Mais ton espoir, soldat, fut bâti sur le sable.

Carthagène étouffant sous le torride azur,
Avec ses noirs palais voit s'écrouler ton mur
Dans l'Océan fiévreux qui dévore sa grève;

Et seule, à ton cimier brille, ô Conquistador,
Héraldique témoin des splendeurs de ton rêve,
Une Ville d'argent qu'ombrage un palmier d'or.

AU MÊME

Qu'ils aient vaincu l'Inca, l'Aztèque, les Hiaquis,
Les Andes, la forêt, les pampas ou le fleuve,
Les autres n'ont laissé pour vestige et pour preuve
Qu'un nom, un titre vain de comte ou de marquis.

Toi, tu fondas, orgueil du sang dont je naquis,
Dans la mer caraïbe une Carthage neuve,
Et du Magdalena jusqu'au Darien qu'abreuve
L'Atrato, le sol rouge à la croix fut conquis.

Assise sur son île où l'Océan déferle,
Malgré les siècles, l'homme et la foudre et les vents,
Ta cité dresse au ciel ses forts et ses couvents;

Aussi tes derniers fils, sans trèfle, ache ni perle,
Timbrent-ils leur écu d'un palmier ombrageant
De son panache d'or une Ville d'argent.

A UNE VILLE MORTE

Cartagena de Indias.
1532-1583-1697.

MORNE Ville, jadis reine des Océans!
Aujourd'hui le requin poursuit en paix les scombres
Et le nuage errant allonge seul des ombres
Sur ta rade où roulaient les galions géants.

Depuis Drake et l'assaut des Anglais mécréants,
Tes murs désemparés croulent en noirs décombres
Et, comme un glorieux collier de perles sombres,
Des boulets de Pointis montrent les trous béants.

Entre le ciel qui brûle et la mer qui moutonne,
Au somnolent soleil d'un midi monotone,
Tu songes, ô Guerrière, aux vieux Conquistadors;

Et, dans l'énervement des nuits chaudes et calmes,
Berçant ta gloire éteinte, ô Cité, tu t'endors
Sous les palmiers, au long frémissement des palmes.

L'ORIENT

ET LES TROPIQUES

LA VISION DE KHÈM

I

MIDI. L'air brûle et sous la terrible lumière
Le vieux fleuve alangui roule des flots de plomb;
Du zénith aveuglant le jour tombe d'aplomb,
Et l'implacable Phré couvre l'Égypte entière.

Les grands sphinx qui jamais n'ont baissé la paupière,
Allongés sur leur flanc que baigne un sable blond,
Poursuivent d'un regard mystérieux et long
L'élan démesuré des aiguilles de pierre.

Seul, tachant d'un point noir le ciel blanc et serein,
Au loin, tourne sans fin le vol des gypaètes;
La flamme immense endort les hommes et les bêtes.

Le sol ardent pétille, et l'Anubis d'airain
Immobile au milieu de cette chaude joie
Silencieusement vers le soleil aboie.

II

La lune sur le Nil, splendide et ronde, luit.
Et voici que s'émeut la nécropole antique,
Où chaque roi, gardant la pose hiératique,
Gît sous la bandelette et le funèbre enduit.

Tel qu'aux jours des Rhamsès, innombrable et sans bruit,
Tout un peuple, formant le cortège mystique,
Multitude qu'absorbe un calme granitique,
S'ordonne et se déploie et marche dans la nuit.

Se détachant des murs brodés d'hiéroglyphes,
Ils suivent la Bari que portent les pontifes
D'Ammon-Ra, le grand Dieu conducteur du soleil;

Et les sphinx, les béliers ceints du disque vermeil,
Éblouis, d'un seul coup se dressant sur leurs griffes,
S'éveillent en sursaut de l'éternel sommeil.

III

Et la foule grandit plus innombrable encor.
Et le sombre hypogée où s'alignent les couches
Est vide. Du milieu déserté des cartouches,
Les éperviers sacrés ont repris leur essor.

Bêtes, peuples et rois, ils vont. L'uræus d'or
S'enroule, étincelant, autour des fronts farouches;
Mais le bitume épais scelle les maigres bouches.
En tête, les grands dieux : Hor, Khnoum, Ptah, Neith, Hathor.

Puis tous ceux que conduit Toth Ibiocéphale,
Vêtus de la schenti, coiffés du pschent, ornés
Du lotus bleu. La pompe errante et triomphale

Ondule dans l'horreur des temples ruinés,
Et la lune, éclatant au pavé froid des salles,
Prolonge étrangement des ombres colossales.

LE PRISONNIER

A Gérôme.

Là-bas, les muezzins ont cessé leurs clameurs.
Le ciel vert, au couchant, de pourpre et d'or se frange;
Le crocodile plonge et cherche un lit de fange,
Et le grand fleuve endort ses dernières rumeurs.

Assis, jambes en croix, comme il sied aux fumeurs,
Le Chef rêvait, bercé par le haschisch étrange,
Tandis qu'avec effort faisant mouvoir la cange,
Deux nègres se courbaient, nus, au banc des rameurs.

A l'arrière, joyeux et l'insulte à la bouche,
Grattant l'aigre guzla qui rhythme un air farouche,
Se penchait un Arnaute à l'œil féroce et vil;

Car lié sur la barque et saignant sous l'entrave,
Un vieux Scheikh regardait d'un air stupide et grave
Les minarets pointus qui tremblent dans le Nil.

LE SAMOURAI

D'un doigt distrait frôlant la sonore bíva,
A travers les bambous tressés en fine latte,
Elle a vu, par la plage éblouissante et plate,
S'avancer le vainqueur que son amour rêva.

C'est lui. Sabres au flanc, l'éventail haut, il va.
La cordelière rouge et le gland écarlate
Coupent l'armure sombre, et, sur l'épaule, éclate
Le blason de Hizen ou de Tokungawa.

Ce beau guerrier vêtu de lames et de plaques,
Sous le bronze, la soie et les brillantes laques,
Semble un crustacé noir, gigantesque et vermeil.

Il l'a vue. Il sourit dans la barbe du masque,
Et son pas plus hâtif fait reluire au soleil
Les deux antennes d'or qui tremblent à son casque.

LE DAIMIO

Sous le noir fouet de guerre à quadruple pompon,
L'étalon belliqueux en hennissant se cabre
Et fait bruire, avec des cliquetis de sabre,
La cuirasse de bronze aux lames du jupon.

Le Chef vêtu d'airain, de laque et de crépon,
Otant le masque à poils de son visage glabre,
Regarde le volcan sur un ciel de cinabre
Dresser la neige où rit l'aurore du Nippon.

Mais il a vu, vers l'Est éclaboussé d'or, l'astre,
Glorieux d'éclairer ce matin de désastre,
Poindre, orbe éblouissant, au-dessus de la mer;

Et pour couvrir ses yeux dont pas un cil ne bouge,
Il ouvre d'un seul coup son éventail de fer
Où dans le satin blanc se lève un Soleil rouge.

FLEURS DE FEU

Bien des siècles depuis les siècles du Chaos,
La flamme par torrents jaillit de ce cratère,
Et le panache igné du volcan solitaire
Flamba plus haut encor que les Chimborazos.

Nul bruit n'éveille plus la cime sans échos.
Où la cendre pleuvait l'oiseau se désaltère ;
Le sol est immobile et le sang de la Terre,
La lave, en se figeant, lui laissa le repos.

Pourtant, suprême effort de l'antique incendie,
A l'orle de la gueule à jamais refroidie,
Éclatant à travers les rocs pulvérisés,

Comme un coup de tonnerre au milieu du silence,
Dans le poudroîment d'or du pollen qu'elle lance,
S'épanouit la fleur des cactus embrasés.

FLEUR SÉCULAIRE

Sur le roc calciné de la dernière rampe
Où le flux volcanique autrefois s'est tari,
La graine que le vent au haut Gualatieri
Sema, germe, s'accroche et, frêle plante, rampe.

Elle grandit. En l'ombre où sa racine trempe,
Son tronc, buvant la flamme obscure, s'est nourri ;
Et les soleils d'un siècle ont longuement mûri
Le bouton colossal qui fait ployer sa hampe.

Enfin, dans l'air brûlant et qu'il embrase encor,
Sous le pistil géant qui s'érige, il éclate,
Et l'étamine lance au loin le pollen d'or ;

Et le grand aloès à la fleur écarlate,
Pour l'hymen ignoré qu'a rêvé son amour,
Ayant vécu cent ans, n'a fleuri qu'un seul jour.

LE RÉCIF DE CORAIL

Le soleil sous la mer, mystérieuse aurore,
Éclaire la forêt des coraux abyssins
Qui mêle, aux profondeurs de ses tièdes bassins,
La bête épanouie et la vivante flore.

Et tout ce que le sel ou l'iode colore,
Mousse, algue chevelue, anémones, oursins,
Couvre de pourpre sombre, en somptueux dessins,
Le fond vermiculé du pâle madrépore.

De sa splendide écaille éteignant les émaux,
Un grand poisson navigue à travers les rameaux;
Dans l'ombre transparente indolemment il rôde;

Et, brusquement, d'un coup de sa nageoire en feu
Il fait, par le cristal morne, immobile et bleu,
Courir un frisson d'or, de nacre et d'émeraude.

LA NATURE ET LE RÊVE

MÉDAILLE ANTIQUE

'Etna mûrit toujours la pourpre et l'or du vin
Dont l'Érigone antique enivra Théocrite,
Mais celles dont la grâce en ses vers fut écrite,
Le poète aujourd'hui les chercherait en vain.

Perdant la pureté de son profil divin,
Tour à tour Aréthuse esclave et favorite
A mêlé dans sa veine où le sang grec s'irrite
La fureur sarrazine à l'orgueil angevin.

Le temps passe. Tout meurt. Le marbre même s'use.
Agrigente n'est plus qu'une ombre, et Syracuse
Dort sous le bleu linceul de son ciel indulgent;

Et seul le dur métal que l'amour fit docile
Garde encore en sa fleur, aux médailles d'argent,
L'immortelle beauté des vierges de Sicile.

LES FUNÉRAILLES

Vers la Phocide illustre, aux temples que domine
La rocheuse Pytho toujours ceinte d'éclairs,
Quand les guerriers anciens descendaient aux enfers,
La Grèce accompagnait leur image divine.

Et leurs Ombres, tandis que la nuit illumine
L'Archipel radieux et les golfes déserts,
Écoutaient, du sommet des promontoires clairs,
Chanter sur leurs tombeaux la mer de Salamine.

Et moi je m'éteindrai, vieillard, en un long deuil ;
Mon corps sera cloué dans un étroit cercueil
Et l'on paîra la terre et le prêtre et les cierges.

Et pourtant j'ai rêvé ce destin glorieux
De tomber au soleil ainsi que les aïeux,
Jeune encore et pleuré des héros et des vierges.

VENDANGE

Les vendangeurs lassés ayant rompu leurs lignes,
Des voix claires sonnaient à l'air vibrant du soir
Et les femmes, en chœur, marchant vers le pressoir,
Mêlaient à leurs chansons des appels et des signes.

C'est par un ciel pareil, tout blanc du vol des cygnes,
Que, dans Naxos fumant comme un rouge encensoir,
La Bacchanale vit la Crétoise s'asseoir
Auprès du beau Dompteur ivre du sang des vignes.

Aujourd'hui, brandissant le thyrse radieux,
Dionysos vainqueur des bêtes et des Dieux
D'un joug enguirlandé n'étreint plus les panthères;

Mais, fille du soleil, l'Automne enlace encor
Du pampre ensanglanté des antiques mystères
La noire chevelure et la crinière d'or.

LA SIESTE

Pas un seul bruit d'insecte ou d'abeille en maraude.
Tout dort sous les grands bois accablés de soleil
Où le feuillage épais tamise un jour pareil
Au velours sombre et doux des mousses d'émeraude.

Criblant le dôme obscur, Midi splendide y rôde
Et, sur mes cils mi-clos alanguis de sommeil,
De mille éclairs furtifs forme un réseau vermeil
Qui s'allonge et se croise à travers l'ombre chaude.

Vers la gaze de feu que trament les rayons,
Vole le frêle essaim des riches papillons
Qu'enivrent la lumière et le parfum des sèves;

Alors mes doigts tremblants saisissent chaque fil,
Et dans les mailles d'or de ce filet subtil,
Chasseur harmonieux, j'emprisonne mes rêves.

LA MER DE BRETAGNE

UN PEINTRE

A Emmanuel Lansyer.

Il a compris la race antique aux yeux pensifs
Qui foule le sol dur de la terre bretonne,
La lande rase, rose et grise et monotone
Où croulent les manoirs sous le lierre et les ifs.

Des hauts talus plantés de hêtres convulsifs,
Il a vu, par les soirs tempêtueux d'automne,
Sombrer le soleil rouge en la mer qui moutonne ;
Sa lèvre s'est salée à l'embrun des récifs.

Il a peint l'Océan splendide, immense et triste,
Où le nuage laisse un reflet d'améthyste,
L'émeraude écumante et le calme saphir ;

Et fixant l'eau, l'air, l'ombre et l'heure insaisissables,
Sur une toile étroite il a fait réfléchir
Le ciel occidental dans le miroir des sables.

BRETAGNE

Pour que le sang joyeux dompte l'esprit morose,
Il faut, tout parfumé du sel des goëmons,
Que le souffle atlantique emplisse tes poumons;
Arvor t'offre ses caps que la mer blanche arrose.

L'ajonc fleurit et la bruyère est déjà rose.
La terre des vieux clans, des nains et des démons,
Ami, te garde encor, sur le granit des monts,
L'homme immobile auprès de l'immuable chose.

Viens. Partout tu verras, par les landes d'Arèz,
Monter vers le ciel morne, infrangible cyprès,
Le menhir sous lequel gît la cendre du Brave;

Et l'Océan, qui roule en un lit d'algues d'or
Is la voluptueuse et la grande Occismor,
Bercera ton cœur triste à son murmure grave.

FLORIDUM MARE

La moisson débordant le plateau diapré
Roule, ondule et déferle au vent frais qui la berce ;
Et le profil, au ciel lointain, de quelque herse
Semble un bateau qui tangue et lève un noir beaupré.

Et sous mes pieds, la mer, jusqu'au couchant pourpré,
Céruléenne ou rose ou violette ou perse
Ou blanche de moutons que le reflux disperse,
Verdoie à l'infini comme un immense pré.

Aussi les goëlands qui suivent la marée,
Vers les blés mûrs que gonfle une houle dorée,
Avec des cris joyeux, volaient en tourbillons ;

Tandis que, de la terre, une brise emmiellée
Éparpillait au gré de leur ivresse ailée
Sur l'Océan fleuri des vols de papillons.

SOLEIL COUCHANT

Les ajoncs éclatants, parure du granit,
Dorent l'âpre sommet que le couchant allume;
Au loin, brillante encor par sa barre d'écume,
La mer sans fin commence où la terre finit.

A mes pieds, c'est la nuit, le silence. Le nid
Se tait, l'homme est rentré sous le chaume qui fume;
Seul, l'Angélus du soir, ébranlé dans la brume,
A la vaste rumeur de l'Océan s'unit.

Alors, comme du fond d'un abîme, des traînes,
Des landes, des ravins, montent des voix lointaines
De pâtres attardés ramenant le bétail.

L'horizon tout entier s'enveloppe dans l'ombre,
Et le soleil mourant, sur un ciel riche et sombre,
Ferme les branches d'or de son rouge éventail.

MARIS STELLA

Sous les coiffes de lin, toutes, croisant leurs bras
Vêtus de laine rude ou de mince percale,
Les femmes, à genoux sur le roc de la cale,
Regardent l'Océan blanchir l'île de Batz.

Les hommes, pères, fils, maris, amants, là-bas,
Avec ceux de Paimpol, d'Audierne et de Cancale,
Vers le Nord, sont partis pour la lointaine escale.
Que de hardis pêcheurs qui ne reviendront pas!

Par-dessus la rumeur de la mer et des côtes
Le chant plaintif s'élève, invoquant à voix hautes
L'Étoile sainte, espoir des marins en péril;

Et l'Angélus, courbant tous ces fronts noirs de hâle,
Des clochers de Roscoff à ceux de Sybiril
S'envole, tinte et meurt dans le ciel rose et pâle.

LE BAIN

L'HOMME et la bête, tels que le beau monstre antique,
Sont entrés dans la mer, et nus, libres, sans frein,
Parmi la brume d'or de l'âcre pulvérin,
Sur le ciel embrasé font un groupe athlétique.

Et l'étalon sauvage et le dompteur rustique,
Humant à pleins poumons l'odeur du sel marin,
Se plaisent à laisser sur la chair et le crin
Frémir le flot glacé de la rude Atlantique.

La houle s'enfle, court, se dresse comme un mur
Et déferle. Lui crie. Il hennit, et sa queue
En jets éblouissants fait rejaillir l'eau bleue;

Et, les cheveux épars, s'effarant dans l'azur,
Ils opposent, cabrés, leur poitrail noir qui fume,
Au fouet échevelé de la fumante écume.

BLASON CÉLESTE

J'ai vu parfois, ayant tout l'azur pour émail,
Les nuages d'argent et de pourpre et de cuivre,
A l'Occident où l'œil s'éblouit à les suivre,
Peindre d'un grand blason le céleste vitrail.

Pour cimier, pour supports, l'héraldique bétail,
Licorne, léopard, alérion ou guivre,
Monstres, géants captifs qu'un coup de vent délivre,
Exhaussent leur stature et cabrent leur poitrail.

Certe, aux champs de l'espace, en ces combats étranges
Que les noirs Séraphins livrèrent aux Archanges,
Cet écu fut gagné par un Baron du ciel;

Comme ceux qui jadis prirent Constantinople,
Il porte, en bon croisé, qu'il soit George ou Michel,
Le soleil, besant d'or, sur la mer de sinople.

ARMOR

Pour me conduire au Raz, j'avais pris à Trogor
Un berger chevelu comme un ancien Évhage;
Et nous foulions, humant son arome sauvage,
L'âpre terre kymrique où croît le genêt d'or.

Le couchant rougissait et nous marchions encor,
Lorsque le souffle amer me fouetta le visage;
Et l'homme, par delà le morne paysage
Étendant un long bras, me dit : Senèz Ar-mor!

Et je vis, me dressant sur la bruyère rose,
L'Océan qui, splendide et monstrueux, arrose
Du sel vert de ses eaux les caps de granit noir;

Et mon cœur savoura, devant l'horizon vide
Que reculait vers l'Ouest l'ombre immense du soir,
L'ivresse de l'espace et du vent intrépide.

MER MONTANTE

Le soleil semble un phare à feux fixes et blancs.
Du Raz jusqu'à Penmarc'h la côte entière fume,
Et seuls, contre le vent qui rebrousse leur plume,
A travers la tempête errent les goëlands.

L'une après l'autre, avec de furieux élans,
Les lames glauques, sous leur crinière d'écume
Dans un tonnerre sourd s'éparpillant en brume,
Empanachent au loin les récifs ruisselants.

Et j'ai laissé courir le flot de ma pensée,
Rêves, espoirs, regrets de force dépensée,
Sans qu'il en reste rien qu'un souvenir amer.

L'Océan m'a parlé d'une voix fraternelle,
Car la même clameur que pousse encor la mer
Monte de l'homme aux Dieux, vainement éternelle.

BRISE MARINE

L'HIVER a défleuri la lande et le courtil.
Tout est mort. Sur la roche uniformément grise
Où la lame sans fin de l'Atlantique brise,
Le pétale fané pend au dernier pistil.

Et pourtant je ne sais quel arome subtil
Exhalé de la mer jusqu'à moi par la brise,
D'un effluve si tiède emplit mon cœur qu'il grise;
Ce souffle étrangement parfumé, d'où vient-il?

Ah! Je le reconnais. C'est de trois mille lieues
Qu'il vient, de l'Ouest, là-bas où les Antilles bleues
Se pâment sous l'ardeur de l'astre occidental;

Et j'ai, de ce récif battu du flot kymrique,
Respiré dans le vent qu'embauma l'air natal
La fleur jadis éclose au jardin d'Amérique.

LA CONQUE

Par quels froids Océans, depuis combien d'hivers,
— Qui le saura jamais, Conque frêle et nacrée! —
La houle sous-marine et les raz de marée
T'ont-ils roulée au creux de leurs abîmes verts?

Aujourd'hui, sous le ciel, loin des reflux amers,
Tu t'es fait un doux lit de l'arène dorée.
Mais ton espoir est vain. Longue et désespérée,
En toi gémit toujours la grande voix des mers.

Mon âme est devenue une prison sonore;
Et comme en tes replis pleure et soupire encore
La plainte du refrain de l'ancienne clameur;

Ainsi du plus profond de ce cœur trop plein d'Elle,
Sourde, lente, insensible et pourtant éternelle,
Gronde en moi l'orageuse et lointaine rumeur.

LE LIT

Qu'il soit encourtiné de brocart ou de serge,
Triste comme une tombe ou joyeux comme un nid,
C'est là que l'homme naît, se repose et s'unit,
Enfant, époux, vieillard, aïeule, femme ou vierge.

Funèbre ou nuptial, que l'eau sainte l'asperge
Sous le noir crucifix ou le rameau bénit,
C'est là que tout commence et là que tout finit,
De la première aurore au feu du dernier cierge.

Humble, rustique et clos, ou fier du pavillon
Triomphalement peint d'or et de vermillon,
Qu'il soit de chêne brut, de cyprès ou d'érable;

Heureux qui peut dormir sans peur et sans remords
Dans le lit paternel, massif et vénérable,
Où tous les siens sont nés aussi bien qu'ils sont morts.

LA MORT DE L'AIGLE

Quand l'aigle a dépassé les neiges éternelles,
A ses larges poumons il veut chercher plus d'air
Et le soleil plus proche en un azur plus clair
Pour échauffer l'éclat de ses mornes prunelles.

Il s'enlève. Il aspire un torrent d'étincelles.
Toujours plus haut, enflant son vol tranquille et fier,
Il plane sur l'orage et monte vers l'éclair;
Mais la foudre d'un coup a rompu ses deux ailes.

Avec un cri sinistre, il tournoie, emporté
Par la trombe, et, crispé, buvant d'un trait sublime
La flamme éparse, il plonge au fulgurant abîme.

Heureux qui pour la Gloire ou pour la Liberté,
Dans l'orgueil de la force et l'ivresse du rêve,
Meurt ainsi, d'une mort éblouissante et brève!

PLUS ULTRA

L'HOMME a conquis la terre ardente des lions
Et celle des venins et celle des reptiles,
Et troublé l'Océan où cinglent les nautiles
Du sillage doré des anciens galions.

Mais plus loin que la neige et que les tourbillons
Du Ström et que l'horreur des Spitzbergs infertiles,
Le Pôle bat d'un flot tiède et libre des îles
Où nul marin n'a pu hisser ses pavillons.

Partons! Je briserai l'infranchissable glace,
Car dans mon corps hardi je porte une âme lasse
Du facile renom des conquérants de l'or.

J'irai. Je veux monter au dernier promontoire,
Et qu'une mer, pour tous silencieuse encor,
Caresse mon orgueil d'un murmure de gloire.

LA VIE DES MORTS

Au poète Armand Silvestre.

Lorsque la sombre croix sur nous sera plantée,
La terre nous ayant tous deux ensevelis,
Ton corps refleurira dans la neige des lys
Et de ma chair naîtra la rose ensanglantée.

Et la divine Mort que tes vers ont chantée,
En son vol noir chargé de silence et d'oublis,
Nous fera par le ciel, bercés d'un lent roulis,
Vers des astres nouveaux une route enchantée.

Et montant au soleil, en son vivant foyer,
Nos deux esprits iront se fondre et se noyer
Dans la félicité des flammes éternelles;

Cependant que sacrant le poète et l'ami,
La Gloire nous fera vivre à jamais parmi
Les Ombres que la Lyre a faites fraternelles.

AU TRAGÉDIEN E. ROSSI

APRÈS UNE RÉCITATION DE DANTE

O Rossi, je t'ai vu, traînant le manteau noir,
Briser le faible cœur de la triste Ophélie,
Et, tigre exaspéré d'amour et de folie,
Étrangler tes sanglots dans le fatal mouchoir.

J'ai vu Lear et Macbeth et pleuré de te voir
Baiser, suprême amant de l'antique Italie,
Au tombeau nuptial Juliette pâlie.
Pourtant tu fus plus grand et plus terrible, un soir.

Car j'ai goûté l'horreur et le plaisir sublimes,
Pour la première fois, d'entendre les trois rimes
Sonner par ta voix d'or leur fanfare de fer;

Et, rouge du reflet de l'infernale flamme,
J'ai vu — j'en ai frémi jusques au fond de l'âme —
Alighieri vivant dire un chant de l'Enfer.

MICHEL-ANGE

Certe, il était hanté d'un tragique tourment,
Alors qu'à la Sixtine et loin de Rome en fêtes,
Solitaire, il peignait Sibylles et Prophètes,
Et, sur le sombre mur, le dernier Jugement.

Il écoutait en lui pleurer obstinément,
Titan que son désir enchaîne aux plus hauts faîtes,
La Patrie et l'Amour, la Gloire et leurs défaites ;
Il songeait que tout meurt et que le rêve ment.

Aussi ces lourds Géants, las de leur force exsangue,
Ces Esclaves qu'étreint une infrangible gangue,
Comme il les a tordus d'une étrange façon !

Et dans les marbres froids où bout son âme altière,
Comme il a fait courir avec un grand frisson
La colère d'un Dieu vaincu par la Matière !

SUR UN MARBRE BRISÉ

La mousse fut pieuse en fermant ses yeux mornes ;
Car, dans ce bois inculte, il chercherait en vain
La Vierge qui versait le lait pur et le vin
Sur la terre au beau nom dont il marqua les bornes.

Aujourd'hui le houblon, le lierre et les viornes
Qui s'enroulent autour de ce débris divin,
Ignorant s'il fut Pan, Faune, Hermès ou Silvain,
A son front mutilé tordent leurs vertes cornes.

Vois. L'oblique rayon, le caressant encor,
Dans sa face camuse a mis deux orbes d'or ;
La vigne folle y rit comme une lèvre rouge ;

Et, prestige mobile, un murmure du vent,
Les feuilles, l'ombre errante et le soleil qui bouge,
De ce marbre en ruine ont fait un Dieu vivant.

ROMANCERO

LE SERREMENT DE MAINS

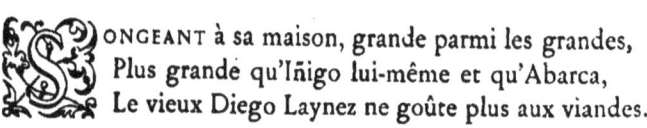ONGEANT à sa maison, grande parmi les grandes,
Plus grande qu'Iñigo lui-même et qu'Abarca,
Le vieux Diego Laynez ne goûte plus aux viandes.

Il ne dort plus, depuis qu'un sang honteux marqua
La joue encore chaude où l'a frappé le Comte,
Et que pour se venger la force lui manqua.

Il craint que ses amis ne lui demandent compte,
Et ne veut pas, navré d'un vertueux ennui,
Leur laisser respirer l'haleine de sa honte.

Alors il fit querir et rangea devant lui
Les quatre rejetons de sa royale branche,
Sanche, Alfonse, Manrique et le plus jeune, Ruy.

Son cœur tremblant faisait trembler sa barbe blanche;
Mais l'honneur roidissant ses vieux muscles glacés,
Il serra fortement les mains de l'aîné, Sanche.

Celui-ci, stupéfait, s'écria : — C'est assez!
Ah! vous me faites mal! — Et le second, Alfonse,
Lui dit : — Qu'ai-je donc fait, père? vous me blessez! —

Puis, Manrique : — Seigneur, votre griffe s'enfonce
Dans ma paume et me fait souffrir comme un damné! —
Mais il ne daigna pas leur faire une réponse.

Sombre, désespérant en son cœur consterné
D'enter sur un bras fort son antique courage,
Diego Laynez marcha vers Ruy, le dernier-né.

Il l'étreignit, tâtant et palpant avec rage
Ces épaules, ces bras frêles, ces poignets blancs,
Ces mains, faibles outils pour un si grand ouvrage.

Il les serra, suprême espoir, derniers élans!
Entre ses doigts durcis par la guerre et le hâle.
L'enfant ne baissa pas ses yeux étincelants.

Les yeux froids du vieillard flamboyaient. Ruy tout pâle,
Sentant l'horrible étau broyer sa jeune chair,
Voulut crier; sa voix s'étrangla dans un râle.

Il rugit : — Lâche-moi, lâche-moi, par l'enfer!
Sinon, pour t'arracher le cœur avec le foie,
Mes mains se feront marbre et mes dix ongles fer! —

Le Vieux tout transporté dit en pleurant de joie :
— Fils de l'âme, ô mon sang, mon Rodrigue, que Dieu
Te garde pour l'espoir que ta fureur m'octroie! —

Avec des cris de haine et des larmes de feu,
Il dit alors sa joue insolemment frappée,
Le nom de l'insulteur et l'instant et le lieu;

Et tirant du fourreau Tizona bien trempée,
Ayant baisé la garde ainsi qu'un crucifix,
Il tendit à l'enfant la haute et lourde épée.

— Prends-la. Sache en user aussi bien que je fis.
Que ton pied soit solide et que ta main soit prompte.
Mon honneur est perdu. Rends-le-moi. Va, mon fils. —

Une heure après, Ruy Diaz avait tué le Comte.

LA
REVANCHE DE DIEGO LAYNEZ

Ce soir, seul au haut bout, car il n'a pas d'égaux,
Diego Laynez, plus pâle aux lueurs de la cire,
S'est assis pour souper avec ses hidalgos.

Ses fils, ses trois aînés, sont là; mais le vieux sire
En son cœur angoissé songe au plus jeune. Hélas!
Il n'est point revenu. Le Comte a dû l'occire.

Le vin rit dans l'argent des brocs; le coutelas
Dégaîné, l'écuyer, ayant troussé sa manche,
Laisse échauffer le vin et refroidir les plats.

Car le maître et seigneur n'a pas dit : — Que l'on tranche!
Depuis que dans sa chaise il est venu s'asseoir,
Deux longs ruisseaux de pleurs mouillent sa barbe blanche.

Et le grave écuyer se tient près du dressoir,
Devant la table vide et la foule béante,
Et nul, fils ou vassal, ne soupera ce soir.

Comme pour ne pas voir le spectre qui le hante,
Laynez ferme les yeux et baisse encor le front;
Mais il voit son fils mort et sa honte vivante.

Il a perdu l'honneur, il a gardé l'affront;
Et ses aïeux, de race irréprochable et forte,
Au jour du Jugement le lui reprocheront.

L'outrage l'accompagne et le mépris l'escorte.
De tout l'orgueil antique il ne lui reste rien.
Hélas! hélas! Son fils est mort, sa gloire est morte!

— Seigneur, ouvre les yeux. C'est moi. Regarde bien.
Cette table sans viande a trop piètre figure;
Aujourd'hui j'ai chassé sans valet et sans chien;

J'ai forcé ce ragot; je t'en offre la hure! —
Ruy dit, et tend le chef livide et hérissé
Qu'il tient empoigné par l'horrible chevelure.

Diego Laynez d'un bond sur ses pieds s'est dressé :
— Est-ce toi, Comte infâme? Est-ce toi, tête exsangue,
Avec ce rire fixe et cet œil convulsé?

Oui, c'est bien toi! Tes dents mordent encor ta langue;
Pour la dernière fois l'insolente a raillé,
Et le glaive a tranché le fil de sa harangue! —

Sous le col d'un seul coup par Tizona taillé,
D'épais et noirs caillots pendent à chaque fibre;
Le Vieux frotte sa joue avec le sang caillé.

D'une voix éclatante et dont la salle vibre,
Il s'écrie : — O Rodrigue, ô mon fils, cher vainqueur,
L'affront me fit esclave et ton bras me fait libre!

Et toi, visage affreux qui réjouis mon cœur,
Ma main va donc, au gré de ma haine indomptable,
Satisfaire sur toi ma gloire et ma rancœur! —

Et souffletant alors la tête épouvantable :
— Vous avez vu, vous tous, il m'a rendu raison!
Ruy, sieds-toi sur mon siège au haut bout de la table.

Car qui porte un tel chef est Chef de ma maison. —

LE TRIOMPHE DU CID

Les portes du palais s'ouvrirent toutes grandes
Et le roi Don Fernan sortit pour recevoir
Le jeune chef rentrant avec ses vieilles bandes.

Quittant cloître, métier, champ, taverne et lavoir,
Clercs, bourgeois ou vilains, tout le bon peuple exulte ;
Les femmes aux balcons se penchent pour mieux voir.

C'est que, vengeur du Christ que le Croissant insulte,
Rodrigue de Bivar, vainqueur, rentre aujourd'hui
Dans Zamora qu'emplit un merveilleux tumulte.

Il revient de la guerre, et partout devant lui,
Sur son genet rapide et rayé comme un zèbre
Le cavalier berbère en blasphémant a fui.

Il a tout pris, pillé, rasé, brûlé, de l'Èbre
Jusques au Guadiana qui roule un sable d'or,
Et de l'Algarbe en feu monte un long cri funèbre.

Il revient tout chargé de butin, plus encor
De gloire, ramenant cinq rois de Morérie.
Ses captifs l'ont nommé le Cid Campeador.

Tel Ruy Diaz, à travers le peuple qui s'écrie,
La lance sur la cuisse, en triomphal arroi,
Rentre dans Zamora pavoisée et fleurie.

Donc, lorsque les huissiers annoncèrent : Le Roi !
Telle fut la clameur que corbeaux et corneilles
Des tours et des clochers s'envolèrent d'effroi.

Et Don Fernan debout sous les portes vermeilles,
Un instant, ébloui, s'arrêta sur le seuil
Aux acclamations qui flattaient ses oreilles.

Il s'avançait, charmé du glorieux accueil...
Tout à coup, repoussant peuple, massiers et garde,
Une femme apparut, pâle, en habit de deuil.

Ses yeux resplendissaient dans sa face hagarde,
Et, sous le voile épars de ses longs cheveux roux,
Sanglotante et pâmée, elle cria : — Regarde !

Reconnais-moi ! Seigneur, j'embrasse tes genoux.
Mon père est mort qui fut ton fidèle homme lige ;
Fais justice, Fernan, venge-le, venge-nous !

Je me plains hautement que le Roi me néglige
Et ne veux plus attendre, au gré du meurtrier,
La vengeance à laquelle un grand serment t'oblige.

Oui, certe, ô Roi, je suis lasse de larmoyer ;
La haine dans mon cœur bout et s'irrite et monte,
Et me prend à la gorge et me force à crier :

Vengeance, ô Roi, vengeance et justice plus prompte !
Tire de l'assassin tout le sang qu'il me doit ! —
Et le peuple disait : — C'est la fille du Comte.

Car d'un geste rigide elle montrait du doigt
Cid Ruy Diaz de Bivar qui, du haut de sa selle,
Lui dardait un regard étincelant et droit.

Et l'œil sombre de l'homme et les yeux clairs de celle
Qui l'accusait, alors se croisèrent ainsi
Que deux fers d'où jaillit une double étincelle.

Don Fernan se taisait, fort perplexe et transi,
Car l'un et l'autre droit que son esprit balance
Pèse d'un poids égal qui le tient en souci.

Il hésite. Le peuple attendait en silence.
Et le vieux Roi promène un regard incertain
Sur cette foule où luit l'éclair des fers de lance.

Il voit les cavaliers qui gardent le butin,
Glaive au poing, casque en tête, au dos la brigandine,
Rangés autour du Cid impassible et hautain.

Portant l'étendard vert consacré dans Médine,
Il voit les captifs pris au Miramamolin,
Les cinq Émirs vêtus de soie incarnadine;

Et derrière eux, plus noirs sous leurs turbans de lin,
Douze nègres, chacun menant un cheval barbe.
Or, le bon prince était à la justice enclin :

— Il a vengé son père, il a conquis l'Algarbe ;
Elle, au nom de son père, inculpe son amant. —
Et Don Fernan pensif se caresse la barbe.

— Que faire, songe-t-il, en un tel jugement ? —
Chimène à ses genoux pleurait toutes ses larmes.
Il la prit par la main et très courtoisement :

— Relève-toi, ma fille, et calme tes alarmes,
Car sur le cœur d'un prince espagnol et chrétien
Les larmes de tes yeux sont de trop fortes armes.

Certes, Bivar m'est cher ; c'est l'espoir, le soutien
De Castille ; et pourtant j'accorde ta requête.
Il mourra si tu veux, ô Chimène, il est tien.

Dispose, il est à toi. Parle, la hache est prête ! —
Ruy Diaz la regardait, grave et silencieux.
Elle ferma les yeux, elle baissa la tête.

Elle n'a pu braver ce front victorieux
Qu'illumine l'ardeur du regard qui la dompte ;
Elle a baissé la tête, elle a fermé les yeux.

Elle n'est plus la fille orgueilleuse du Comte,
Car elle sent rougir son visage, enflammé
Moins encor de courroux que d'amour et de honte.

— C'est sous un bras loyal par l'honneur même armé
Que ton père a rendu son âme — que Dieu sauve!
L'homme applaudit au coup que le prince a blâmé.

Car l'honneur de Laynez et de Laÿn le Chauve,
Non moins pur que celui des rois dont je descends,
Vaut l'orgueil du sang goth qui dore ton poil fauve.

Condamne, si tu peux... Pardonne, j'y consens.
Que Gormaz et Laynez, à leur antique souche,
Voient par vous reverdir des rameaux florissants.

Parle, et je donne à Ruy, sur un mot de ta bouche,
Belforado, Saldagne et Carrias del Castil. —
Mais Chimène gardait un silence farouche.

Fernan lui murmura : — Dis, ne te souvient-il,
Ne te souvient-il plus de l'amour ancienne ? —
Ainsi parle le Roi gracieux et subtil.

Et la main de Chimène a frémi dans la sienne.

LES CONQUÉRANTS
DE L'OR

LES CONQUÉRANTS DE L'OR

I

Après que Balboa, menant son bon cheval
  Par les bois non frayés, droit, d'amont en aval,
  Eut, sur l'autre versant des Cordillères hautes,
Foulé le chaud limon des insalubres côtes
De l'Isthme qui partage avec ses monts géants
La glauque immensité des deux grands Océans,
Et qu'il eut, s'y jetant tout armé de la berge,
Planté son étendard dans l'écume encor vierge,
Tous les aventuriers, dont l'esprit s'enflamma,
Rêvaient, en arrivant au port de Panama,

De retrouver, espoir cupide et magnifique,
Aux rivages dorés de la mer Pacifique,
El Dorado promis qui fuyait devant eux,
Et, mêlant avec l'or des songes monstrueux,
De forcer jusqu'au fond de ces torrides zones
L'âpre virginité des rudes Amazones
Que n'avait pu dompter la race des héros,
De renverser des dieux à tête de taureaux
Et de vaincre, vrais fils de leur ancêtre Hercule,
Les peuples de l'Aurore et ceux du Crépuscule.

Ils savaient que, bravant ces illustres périls,
Ils atteindraient les bords où germent les béryls
Et Doboyba qui comble, en ses riches ravines,
Du vaste écroulement des temples en ruines,
La nécropole d'or des princes de Zenu;
Et que, suivant toujours le chemin inconnu
Des Indes, par delà les îles des Épices
Et la terre où bouillonne au fond des précipices
Sur un lit d'argent fin la Source de Santé,
Ils verraient, se dressant en un ciel enchanté
Jusqu'au zénith brûlé du feu des pierreries,
Resplendir au soleil les vivantes féeries
Des sierras d'émeraude et des pics de saphir
Qui recèlent l'antique et fabuleux Ophir.

Et quand Vasco Nuñez eut payé de sa tête
L'orgueil d'avoir tenté cette grande conquête,
Poursuivant après lui ce mirage éclatant,
Malgré sa mort, la fleur des Cavaliers, portant
Le pennon de Castille écartelé d'Autriche,
Pénétra jusqu'au fond des bois de Côte-Riche
A travers la montagne horrible ou navigua
Le long des noirs récifs qui cernent Veragua,
Et vers l'Est atteignit, malgré de grands naufrages,
Les bords où l'Orénoque, enflé par les orages,
Inondant de sa vase un immense horizon,
Sous le fiévreux éclat d'un ciel lourd de poison,
Se jette dans la mer par ses cinquante bouches.

Enfin cent compagnons, tous gens de bonnes souches,
S'embarquèrent avec Pascual d'Andagoya
Qui, poussant encor plus sa course, côtoya
Le golfe où l'océan Pacifique déferle,
Mit le cap vers le sud, doubla l'île de Perle
Et cingla devant lui toutes voiles dehors,
Ayant ainsi, parmi les Conquérants d'alors,
L'heur d'avoir le premier fendu les mers nouvelles
Avec les éperons des lourdes caravelles.

Mais quand, dix mois plus tard, malade et déconfit,

Après avoir très loin navigué sans profit
Vers cet El Dorado qui n'était qu'un vain mythe,
Bravé cent fois la mort, dépassé la limite
Du monde, ayant perdu quinze soldats sur vingt,
Dans ses vaisseaux brisés Andagoya revint,
Pedrarias d'Avila se mit fort en colère;
Et ceux qui, sur la foi du récit populaire,
Hidalgos et routiers, s'étaient tous rassemblés
Dans Panama, du coup demeurèrent troublés.

Or les seigneurs, voyant qu'ils ne pouvaient plus guère
Employer leur personne en actions de guerre,
Partaient pour Mexico; mais ceux qui, n'ayant rien,
Étaient venus tenter aux plages de Darien,
Désireux de tromper la misère importune,
Ce que vaut un grand cœur à vaincre la fortune,
S'entretenant à jeun des rêves les plus beaux,
Restaient, l'épée oisive et la cape en lambeaux,
Quoique tous bons marins ou vieux batteurs d'estrade,
A regarder le flot moutonner dans la rade,
En attendant qu'un chef hardi les commandât.

II

Deux ans étaient passés, lorsqu'un obscur soldat
Qui fut depuis titré Marquis pour sa conquête,
François Pizarre, osa présenter la requête
D'armer un galion pour courir par delà
Puerto Pinas. Alors Pedrarias d'Avila
Lui fit représenter qu'en cette conjoncture
Il n'était pas prudent de tenter l'aventure
Et ses dangers sans nombre et sans profit; d'ailleurs,
Qu'il ne lui plaisait point de voir que les meilleurs
De tous ses gens de guerre, en entreprises folles,
Prodiguassent le sang des veines espagnoles,
Et que nul avant lui, de tant de Cavaliers,
N'avait pu triompher des bois de mangliers

Qui croisent sur ces bords leurs nœuds inextricables;
Que, la tempête ayant rompu vergues et câbles
A leurs vaisseaux en vain si loin aventurés,
Ils étaient revenus mourants, désemparés,
Et trop heureux encor d'avoir sauvé la vie.

Mais ce conseil ne fit qu'échauffer son envie.
Si bien qu'avec Diego d'Almagro, par contrats,
Ayant mis en commun leur fortune et leurs bras,
Et don Fernan de Luque ayant fourni les sommes,
En l'an mil et cinq cent vingt-quatre, avec cent hommes,
Pizarre le premier, par un brumeux matin
De novembre, montant un mauvais brigantin,
Prit la mer, et lâchant au vent toute sa toile,
Se fia bravement en son heureuse étoile.

Mais tout sembla d'abord démentir son espoir.
Le vent devint bourrasque, et jusqu'au ciel très noir
La mer terrible, enflant ses houles couleur d'encre,
Défonça les sabords, rompit les mâts et l'ancre,
Et fit la triste nef plus rase qu'un radeau.
Enfin après dix jours d'angoisse, manquant d'eau
Et de vivres, sa troupe étant d'ailleurs fort lasse,
Pizarre débarqua sur une côte basse.

Au bord, les mangliers formaient un long treillis;

Plus haut, impénétrable et splendide fouillis
De lianes en fleur et de vignes grimpantes,
La berge s'élevait par d'insensibles pentes
Vers la ligne lointaine et sombre des forêts.

Et ce pays n'était qu'un très vaste marais.

Il pleuvait. Les soldats, devenus frénétiques
Par le harcèlement venimeux des moustiques
Qui noircissaient le ciel de bourdonnants essaims,
Foulaient avec horreur, en ces bas-fonds malsains,
Des reptiles nouveaux et d'étranges insectes,
Ou voyaient émerger des lagunes infectes,
Sur leur ventre écaillé se traînant d'un pied tors,
Ces lézards monstrueux qu'on nomme alligators.
Et quand venait la nuit, sur la terre trempée,
Dans leurs manteaux, auprès de l'inutile épée,
Lorsqu'ils s'étaient couchés, n'ayant pour aliment
Que la racine amère ou le rouge piment,
Sur le groupe endormi de ces chercheurs d'empires
Flottait, crêpe vivant, le vol mou des vampires,
Et ceux-là qu'ils marquaient de leurs baisers velus
Dormaient d'un tel sommeil qu'ils ne s'éveillaient plus.

C'est pourquoi les soldats, par force et par prière,
Contraignirent leur chef à tourner en arrière,

Et, malgré lui, disant un éternel adieu
Au triste campement du port de Saint-Mathieu,
Pizarre, par la mer nouvellement ouverte,
Avec Bartolomé suivant la découverte,
Sur un seul brigantin d'un faible tirant d'eau
Repartit, et, doublant Punta de Pasado,
Le bon pilote Ruiz eut la fortune insigne,
Le premier des marins, d'avoir franchi la Ligne
Et poussé plus au sud du monde occidental.

La côte s'abaissait, et les bois de santal
Exhalaient sur la mer leurs brises parfumées.
De toutes parts montaient de légères fumées,
Et les marins joyeux, accoudés aux haubans,
Voyaient les fleuves luire en tortueux rubans
A travers la campagne, et tout le long des plages
Fuir des champs cultivés et passer des villages.

Ensuite, ayant serré la côte de plus près,
A leurs yeux étonnés parurent les forêts.

Au pied des volcans morts, sous la zone des cendres,
L'ébénier, le gayac et les durs palissandres,
Jusques aux confins bleus des derniers horizons
Roulant le flot obscur des vertes frondaisons,
Variés de feuillage et variés d'essence,

Déployaient la grandeur de leur magnificence;
Et du nord au midi, du levant au ponent,
Couvrant tout le rivage et tout le continent,
Partout où l'œil pouvait s'étendre, la ramure
Se prolongeait avec un éternel murmure
Pareil au bruit des mers. Seul, en ce cadre noir,
Étincelait un lac, immobile miroir
Où le soleil, plongeant au milieu de cette ombre,
Faisait un grand trou d'or dans la verdure sombre.

Sur le sable marneux, d'énormes caïmans
Guettaient le tapir noir ou les roses flamants.
Les majas argentés et les boas superbes
Sous leurs pesants anneaux broyaient les hautes herbes,
Ou, s'enroulant autour des troncs d'arbres pourris,
Attendaient l'heure où vont boire les pécaris.
Et sur les bords du lac horriblement fertile
Où tout batracien pullule et tout reptile,
Alors que le soleil décline, on pouvait voir
Les fauves par troupeaux descendre à l'abreuvoir :
Le puma, l'ocelot et les chats-tigres souples,
Et le beau carnassier qui ne va que par couples,
Et qui par-dessus tous les félins est cité
Pour sa grâce terrible et sa férocité,
Le jaguar. Et partout dans l'air multicolore
Flottait la végétale et la vivante flore;

Tandis que des cactus aux hampes d'aloès,
Les perroquets divers et les kakatoès
Et les aras, parmi d'assourdissants ramages,
Lustraient au soleil clair leurs splendides plumages,
Dans un pétillement d'ailes et de rayons,
Les frêles oiseaux-mouche et les grands papillons,
D'un vol vibrant, avec des jets de pierreries,
Irradiaient autour des lianes fleuries.

Plus loin, de toutes parts élancés, des halliers,
Des gorges, des ravins, des taillis, par milliers,
Pillant les monbins mûrs et les buissons d'icaques,
Les singes de tout poil, ouistitis et macaques,
Sakis noirs, capucins, trembleurs et carcajous,
Par les figuiers géants et les hauts acajous,
Sautant de branche en branche ou pendus par leurs queues,
Innombrables, de l'aube au soir, durant des lieues,
Avec des gestes fous hurlant et gambadant,
Tout le long de la mer les suivaient.

        Cependant,
Poussé par une tiède et balsamique haleine,
Le navire, doublant le cap de Sainte-Hélène,
Glissa paisiblement dans le golfe d'azur
Où, sous l'éclat d'un jour éternellement pur,
La mer de Guayaquil, sans colère et sans lutte,

Arrondissant au loin son immense volute,
Frange les sables d'or d'une écume d'argent.

Et l'horizon s'ouvrit, magnifique et changeant.

Les montagnes, dressant les neiges de leur crête,
Coupaient le ciel foncé d'une brillante arête
D'où s'élançaient tout droits au haut de l'éther bleu
Le Prince du Tonnerre et le Seigneur du Feu :
Le mont Chimborazo dont la sommité ronde,
Dôme prodigieux sous qui la foudre gronde,
Dépasse, gigantesque et formidable aussi,
Le cône incandescent du vieux Cotopaxi.

Attentif aux gabiers en vigie à la hune,
Dans le pressentiment de sa haute fortune,
Pizarre, sur le pont avec les Conquérants,
Jetait sur ces splendeurs des yeux indifférents,
Quand, soudain, au détour du dernier promontoire,
L'équipage, poussant un long cri de victoire,
Dans un repli du golfe où tremblent les reflets
Des temples couverts d'or et des riches palais,
Avec ses quais noircis d'une innombrable foule,
Entre l'azur du ciel et celui de la houle,
Au bord de l'Océan vit émerger Tumbez.

Alors, se recordant ses compagnons tombés
A ses côtés, ou morts de soif et de famine,
Et voyant que le peu qui restait avait mine
De gens plus disposés à se ravitailler
Qu'à reprendre leur course, errer et batailler,
Pizarre comprit bien que ce serait démence
Que de s'aventurer dans cet empire immense;
Et jugeant sagement qu'en ce dernier effort
Il fallait à tout prix qu'il restât le plus fort,
Il prit langue parmi ces nations étranges,
Rassembla beaucoup d'or par dons et par échanges,
Et, gagnant Panama sur son vieux brigantin
Plein des fruits de la terre et lourd de son butin,
Il mouilla dans le port après trois ans de courses.
Là, se trouvant à bout d'hommes et de ressources,
Bien que fort malhabile aux manières des cours,
Il résolut d'user d'un suprême recours
Avant que de tenter sa dernière campagne,
Et de Nombre de Dios s'embarqua pour l'Espagne.

III

Or, lorsqu'il toucha terre au port de San-Lucar,
Il retrouva l'Espagne en allégresse, car
L'Impératrice-Reine, en un jour très prospère,
Comblant les vœux du prince et les désirs du père,
Avait heureusement mis au monde l'Infant
Don Philippe — que Dieu conserve triomphant!
Et l'Empereur joyeux le fêtait dans Tolède.
Là, Pizarre, accouru pour implorer son aide,
Conta ses longs travaux et, ployant le genou,
Lui fit en bon sujet hommage du Pérou.
Puis ayant présenté, non sans quelque vergogne
D'offrir si peu, de l'or, des laines de vigogne
Et deux lamas vivants avec un alpaca,
Il exposa ses droits. Don Carlos remarqua
Ces moutons singuliers et de nouvelle espèce
Dont la taille était haute et la toison épaisse;

Même, il daigna peser entre ses doigts royaux,
Fort gracieusement, la lourdeur des joyaux;
Mais quand il dut traiter l'objet de la demande,
Il répondit avec sa rudesse flamande :
Qu'il trouvait, à son gré, que le vaillant Marquis
Don Hernando Cortès avait assez conquis
En subjuguant le vaste empire des Aztèques;
Et que lui-même, ainsi que les saints Archevêques
Et le Conseil, étaient fermement résolus
A ne rien entreprendre et ne protéger plus,
Dans ses possessions des mers occidentales,
Ceux qui s'entêteraient à ces courses fatales
Où s'abîma jadis Diego de Nicuessa.
Mais, à ce dernier mot, Pizarre se dressa
Et lui dit : Que c'était chose qui scandalise
Que d'ainsi rejeter du giron de l'Église,
Pour quelques onces d'or, autant d'infortunés
Qui, dans l'idolâtrie et l'ignorance nés,
Ne demandaient, voués au céleste anathème,
Qu'à laver leurs péchés dans l'eau du saint baptême.
Ensuite il lui peignit en termes éloquents
La Cordillère énorme avec ses vieux volcans
D'où le feu souverain, qui fait trembler la terre
Et fondre le métal au creuset du cratère,
Précipite le flux brûlant des laves d'or
Que garde l'oiseau Rock qu'ils ont nommé condor.
Il lui dit la nature enrichissant la fable;

D'innombrables torrents qui roulent dans leur sable
Des pierres d'émeraude en guise de galets;
La chicha fermentant aux celliers des palais
Dans des vases d'or pur pareils aux vastes jarres
Où l'on conserve l'huile au fond des Alpujarres;
Les temples du Soleil couvrant tout le pays,
Revêtus d'or, bordés de leurs champs de maïs
Dont les épis sont d'or aussi bien que la tige,
Et que broutent, miracle à donner le vertige
Et fait pour rendre même un Empereur pensif,
Des moutons d'or avec leurs bergers d'or massif.

Ce discours étonna don Carlos, et l'Altesse,
Daignant enfin peser avec la petitesse
Des secours implorés l'honneur du résultat,
Voulut que sans tarder don François répétât,
Par-devant Nosseigneurs du Grand Conseil, ses offres
De dilater l'Eglise et de remplir les coffres.
Après quoi, lui passant l'habit de chevalier
De Saint-Jacque, il lui mit au cou son bon collier.
Et Pizarre jura sur les saintes reliques
Qu'il resterait fidèle aux Rois Très Catholiques,
Et qu'il demeurerait le plus ferme soutien
De l'Eglise romaine et du beau nom chrétien.
Puis l'Empereur dicta les augustes cédules
Qui faisaient assavoir, même aux plus incrédules,

Que, sauf les droits anciens des hoirs de l'Amiral,
Don François Pizarro, lieutenant général
De Son Altesse, était sans conteste et sans terme
Seigneur de tous pays, îles et terre ferme,
Qu'il avait découverts ou qu'il découvrirait.
La minute étant lue et quand l'acte fut prêt
A recevoir les seings au bas des protocoles,
Pizarre, ayant jadis peu hanté les écoles,
Car en Estremadure il gardait les pourceaux,
Sur le vélin royal d'où pendaient les grands sceaux
Fit sa croix, déclarant ne savoir pas écrire,
Mais d'un ton si hautain que nul ne put en rire.
Enfin, sur un carreau brodé, le bâton d'or
Qui distingue l'Alcade et l'Alguazil Mayor
Lui fut remis par Juan de Fonseca. La chose
Ainsi dûment réglée et sa patente close,
L'Adelantade, avant de reprendre la mer,
Et bien qu'il n'en gardât qu'un souvenir amer,
Visita ses parents dans Truxillo, leur ville,
Puis, joyeux, s'embarqua du havre de Séville
Avec les trois vaisseaux qu'il avait nolisés.
Il reconnut Gomère, et les vents alizés,
Gonflant d'un souffle frais leur voilure plus ronde,
Entraînèrent ses nefs sur la route du monde
Qui fit l'Espagne grande et Colomb immortel.

IV

Or donc, un mois plus tard, au pied du maître-autel,
Dans Panama, le jour du noble Évangéliste
Saint Jean, fray Juan Vargas lut au prône la liste
De tous ceux qui montaient la nouvelle Armada
Sous don François Pizarre, et les recommanda.
Puis, les deux chefs ayant entre eux rompu l'hostie,
Voici de quelle sorte on fit la départie.

Lorsque l'Adelantade eut de tous pris congé,
Ce jour même, après vêpre, en tête du clergé,
L'Évêque ayant béni l'armée avec la flotte,
Don Bartolomé Ruiz, comme royal pilote,

En pompeux apparat, tout vêtu de brocart,
Le porte-voix au poing, montant au banc de quart,
Commanda de rentrer l'ancre en la capitane
Et de mettre la barre au vent de tramontane.
Alors, parmi les pleurs, les cris et les adieux,
Les soldats inquiets et les marins joyeux,
Debout sur les haubans ou montés sur les vergues
D'où flottait un pavois de drapeaux et d'exergues,
Quand le coup de canon de partance roula,
Entonnèrent en chœur l'Ave maris stella;
Et les vaisseaux, penchant leurs mâts aux mille flammes,
Plongèrent à la fois dans l'écume des lames.

La mer étant fort belle et le nord des plus frais,
Leur voyage fut prompt, et sans souffrir d'arrêts
Ou pour cause d'aiguade ou pour raison d'escale,
Courant allégrement par la mer tropicale,
Pizarre saluait avec un mâle orgueil,
Comme d'anciens amis, chaque anse et chaque écueil.
Bientôt il vit, vainqueur des courants et des calmes,
Monter à l'horizon les verts bouquets de palmes
Qui signalent de loin le golfe, et débarquant,
Aux portes de Tumbez il vint planter son camp.
Là, s'abouchant avec les Caciques des villes,
Il apprit que l'horreur des discordes civiles
Avait ensanglanté l'Empire du Soleil;

Que l'orgueilleux bâtard Atahuallpa, pareil
A la foudre, rasant villes et territoires,
Avait conquis, après de rapides victoires,
Cuzco, nombril du monde, où les Rois, ses aïeux,
Dieux eux-mêmes, siégeaient parmi les anciens Dieux,
Et qu'il avait courbé sous le joug de l'épée
La terre de Manco sur son frère usurpée.

Aussitôt, s'éloignant de la côte à grands pas,
A travers le désert sablonneux des pampas,
Tout joyeux de mener au but ses vieilles bandes,
Pizarre commença d'escalader les Andes.

De plateaux en plateaux, de talus en talus,
De l'aube au soir, allant jusqu'à n'en pouvoir plus,
Ils montaient, assaillis de funèbres présages.
Rien n'animait l'ennui des mornes paysages.
Seul, parfois, ils voyaient miroiter au lointain
Dans sa vasque de pierre un lac couleur d'étain.
Sous un ciel tour à tour glacial et torride,
Harassés, et tirant leurs chevaux par la bride,
Ils plongeaient aux ravins ou grimpaient aux sommets.
La montagne semblait prolonger à jamais,
Comme pour épuiser leur marche errante et lasse,
Ses gorges de granit et ses crêtes de glace.
Une étrange terreur planait sur la sierra

Et plus d'un vieux routier dont le cœur se serra
Pour la première fois y connut l'épouvante.
La terre sous leurs pas, convulsive et mouvante,
Avec un sourd fracas se fendait, et le vent,
Au milieu des éclats de foudre, soulevant
Des tourmentes de neige et des trombes de grêles,
Se lamentait avec des voix surnaturelles.
Et roidis, aveuglés, éperdus, les soldats,
Cramponnés aux rebords à pic des quebradas,
Sentaient sous leurs pieds lourds fuir le chemin qui glisse.
Sur leurs fronts la montagne était abrupte et lisse,
Et plus bas, ils voyaient, dans leurs lits trop étroits,
Rebondissant le long des bruyantes parois,
Aux pointes des rochers qu'un rouge éclair allume,
Se briser les torrents en poussière d'écume.
Le vertige, plus haut, les gagna. Leurs poumons
Saignaient en aspirant l'air trop subtil des monts,
Et le froid de la nuit gelait la triste troupe.
Tandis que les chevaux, tournant en rond leur croupe,
L'un sur l'autre appuyés, broutaient un chaume ras,
Les soldats, violant les tombeaux Aymaras,
En arrachaient les morts cousus dans leurs suaires
Et faisaient de grands feux avec ces ossuaires.

Pizarre seul n'était pas même fatigué.
Après avoir passé vingt rivières à gué,

Traversé des pays sans hameaux ni peuplade,
Souffert le froid, la faim, et tenté l'escalade
Des monts les plus affreux que l'homme ait mesurés,
D'un regard, d'une voix et d'un geste assurés,
Au cœur des moins hardis il soufflait son courage ;
Car il voyait, terrible et somptueux mirage,
Au feu de son désir briller Caxamarca.

Enfin, cinq mois après le jour qu'il débarqua,
Les pics de la sierra lui tenant lieu de phare,
Il entra, les clairons sonnant tous leur fanfare,
A grand bruit de tambours et la bannière au vent,
Sur les derniers plateaux, et poussant en avant,
Sans laisser aux soldats le temps de prendre haleine,
En hâte, il dévala le chemin de la plaine.

V

Au nombre de cent six marchaient les gens de pied.
L'histoire a dédaigné ces braves, mais il sied
De nommer par leur nom, qu'il soit noble ou vulgaire,
Tous ceux qui furent chefs en cette illustre guerre
Et de dire la race et le poil des chevaux,
Ne pouvant, au récit de leurs communs travaux,
Ranger en même lieu que des bêtes de somme
Ces vaillants serviteurs de tout bon gentilhomme.

Voici. Soixante et deux cavaliers hidalgos
Chevauchent, par le sang et la bravoure égaux,
Autour des plis d'azur de la royale enseigne
Où près du château d'or le pal de gueules saigne
Et que brandit, suivant le chroniqueur Xerez,

Le fougueux Gabriel de Rojas, l'alferez,
Dont le pourpoint de cuir bordé de cannetilles
Est gaufré du royal écu des deux Castilles,
Et qui porte à sa toque en velours d'Aragon
Un saint Michel d'argent terrassant le dragon.
Sa main ferme retient ce fameux cheval pie
Qui s'illustra depuis sous Carbajal l'Impie ;
Cet andalous de race arabe, et mal dompté,
Qui mâche en se cabrant son mors ensanglanté
Et de son dur sabot fait jaillir l'étincelle,
Peut dépasser, ayant son cavalier en selle,
Le trait le plus vibrant que saurait décocher
Du nerf le mieux tendu le plus vaillant archer.

A l'entour de l'enseigne en bon ordre se groupe,
Poudroyant au soleil, tout le gros de la troupe :
C'est Juan de la Torre ; Cristobal Peralta,
Dont la devise est fière : Ad summum per alta ;
Le borgne Domingo de Serra-Luce ; Alonze
De Molina, très brun sous son casque de bronze ;
Et François de Cuellar, gentilhomme andalous,
Qui chassait les Indiens comme on force des loups ;
Et Mena qui, parmi les seigneurs de Valence,
Était en haut renom pour manier la lance.
Ils s'alignent, réglant le pas de leurs chevaux
D'après le train suivi par leurs deux chefs rivaux,

Del Barco qui, fameux chercheur de terres neuves,
Avec Orellana descendit les grands fleuves,
Et Juan de Salcedo qui, fils d'un noble sang,
Quoique sans barbe encor, galope au premier rang.

Derrière, tout marris de marcher sur leurs pieds,
Viennent les démontés et les estropiés.
Juan Forès pique en vain d'un carreau d'arbalète
Un vieux rouan fourbu qui bronche et qui halète;
Ribera l'accompagne, et laisse à l'abandon
Errer distraitement la bride et le bridon
Au col de son bai-brun qui boite d'un air morne,
S'étant, faute de fers, usé toute la corne.
Avec ces pauvres gens marche don Pèdre Alcon,
Lequel en son écu porte d'or au faucon
De sable, grilleté, chaperonné de gueules;
Ce vieux seigneur jadis avait tourné les meules
Dans Grenade, du temps qu'il était prisonnier
Des mécréants. Ce fut un bon pertuisanier.

Sous cette brave escorte, au trot de leurs deux mules,
Fort pacifiquement s'en vont les deux émules :
Requelme, le premier, comme bon Contador,
Reste silencieux, car le silence est d'or.
Quant au licencié Gil Tellez, le Notaire,
Il dresse en son esprit le futur inventaire,

Tout prêt à prélever, au taux juste et légal,
La part des Cavaliers après le Quint royal.

Or, quelques fourrageurs restés sur les derrières,
Pour rejoindre leurs rangs, malgré les fondrières,
A leurs chevaux lancés ayant rendu la main,
Et bravant le vertige et brûlant le chemin,
Par la montagne à pic descendaient ventre à terre.
Leur galop furieux fait un bruit de tonnerre.
Les voici : bride aux dents, le sang aux éperons,
Dans la foule effarée, au milieu des jurons,
Du tumulte, des cris, des appels à l'Alcade,
Ils débouchent. Le chef de cette cavalcade,
Qui, d'aspect arrogant et vêtu de brocart,
Tandis que son cheval fait un terrible écart,
Salue Alvar de Paz qui devant lui se range,
En balayant la terre avec sa plume orange,
N'est autre que Fernan, l'aîné, le plus hautain
Des Pizarre, suivi de Juan, et de Martin
Qu'on dit d'Alcantara, leur frère par le ventre.
Briceño qui, depuis, se fit clerc et fut chantre
A Lima, n'étant pas très habile écuyer,
Dans cette course folle a perdu l'étrier,
Et, voyant ses amis déjà loin, se dépêche
Et pique sa jument couleur de fleur de pêche.
Le brave Antonio galope à son côté ;

Il porte avec orgueil sa noble pauvreté,
Car, s'il a pour tout bien l'épée et la rondache,
Son cimier héraldique est ceint des feuilles d'ache
Qui couronnent l'écu des ducs de Carrion.

Ils passent, soulevant un poudreux tourbillon.

A leurs cris, un seigneur, de ceux de l'avant-garde,
S'arrête, et, retournant son cheval, les regarde.
Il monte un genet blanc dont le caparaçon
Est rouge, et pour mieux voir se penche sur l'arçon.
C'est le futur vainqueur de Popayan. Sa taille
Est faite pour vêtir le harnois de bataille.
Beau comme un Galaor et fier comme un César,
Il marche en tête, ayant pour nom Benalcazar.
Près d'Oreste voici venir le bon Pylade :
Très basané, le chef coiffé de la salade,
Il rêve, enveloppé dans son large manteau;
C'est le vaillant soldat Hernando de Soto
Qui, rude explorateur de la zone torride,
Découvrira plus tard l'éclatante Floride
Et le père des eaux, le vieux Meschacébé.
Cet autre qui, casqué d'un morion bombé,
Boucle au cuir du jambard la lourde pertuisane
En flattant de la voix sa jument alezane,
C'est l'aventurier grec Pedro de Candia,

Lequel ayant brûlé dix villes, dédia,
Pour expier ces feux, dix lampes à la Vierge.
Il regarde, au sommet dangereux de la berge,
Caracoler l'ardent Gonzalo Pizarro
Qui depuis, à Lima, par la main du bourreau,
Ainsi que Carbajal, eut la tête branchée
Sur le gibet, après qu'elle eut été tranchée
Aux yeux des Cavaliers qui, séduits par son nom,
Dans Cuzco révolté haussèrent son pennon.
Mais lui, bien qu'à son roi déloyal et rebelle,
Étant bon hidalgo, fit une mort très belle.

A quelques pas, l'épée et le rosaire au flanc,
Portant sur les longs plis de son vêtement blanc
Un scapulaire noir par-dessus le cilice
Dont il meurtrit sa chair et dompte sa malice,
Chevauche saintement l'ennemi des faux dieux,
Le très savant et très miséricordieux
Moine dominicain fray Vincent de Valverde
Qui, tremblant qu'à jamais leur âme ne se perde
Et pour l'éternité ne brûle dans l'Enfer,
Fit périr des milliers de païens par le fer
Et les auto-da-fés et la hache et la corde,
Confiant que Jésus, en sa miséricorde,
Doux rémunérateur de son pieux dessein,
Recevrait ces martyrs ignorants dans son sein.

Enfin, les précédant de dix longueurs de vare,
Et le premier de tous, marche François Pizarre.

Sa cape, dont le vent a dérangé les plis,
Laisse entrevoir la cotte et les brassards polis;
Car, seul parmi ces gens, pourtant de forte race,
Qui tous avaient quitté l'acier pour la cuirasse
De coton, il gardait, sous l'ardeur du Cancer,
Sans en paraître las, son vêtement de fer.

Son barbe cordouan, rétif, faisait des voltes
Et hennissait; et lui, châtiant ces révoltes,
Laissait parfois sonner contre ses flancs trop prompts
Les molettes d'argent de ses lourds éperons,
Mais sans plus s'émouvoir qu'un cavalier de pierre,
Immobile, et dardant de sa sombre paupière
L'insoutenable éclat de ses yeux de gerfaut.

Son cœur aussi portait l'armure sans défaut
Qui sied aux conquérants, et, simple capitaine,
Il caressait déjà dans son âme hautaine
L'espoir vertigineux de faire, tôt ou tard,
Un manteau d'Empereur des langes du bâtard.

VI

Ainsi, précipitant leur rapide descente
Par cette route étroite, encaissée et glissante,
Depuis longtemps suivant leur chef, et, sans broncher,
Faisant rouler sous eux le sable et le rocher,
Les hardis cavaliers couraient dans les ténèbres
Des défilés en pente et des gorges funèbres
Qu'éclairait par en haut un jour terne et douteux;
Lorsque, subitement, s'effondrant devant eux,
La montagne s'ouvrit sur le ciel comme une arche
Gigantesque, et, surpris au milieu de leur marche
Et comme s'ils sortaient d'une noire prison,
Dans leurs yeux aveuglés l'espace, l'horizon,

L'immensité du vide et la grandeur du gouffre
Se mêlèrent, abîme éblouissant. Le soufre,
L'eau bouillante, la lave et les feux souterrains,
Soulevant son échine et crevassant ses reins,
Avaient ouvert, après des siècles de bataille,
Au flanc du mont obscur cette splendide entaille.

Et, la terre manquant sous eux, les Conquérants
Sur la corniche étroite, ayant serré leurs rangs,
Chevaux et cavaliers brusquement firent halte.

Les Andes étageaient leurs gradins de basalte,
De porphyre, de grès, d'ardoise et de granit
Jusqu'à l'ultime assise où le roc qui finit
Sous le linceul neigeux n'apparaît que par place.
Plus haut, l'âpre forêt des aiguilles de glace
Fait vibrer le ciel bleu par son scintillement;
On dirait d'un terrible et clair fourmillement
De guerriers cuirassés d'argent, vêtus d'hermine,
Qui campent aux confins du monde, et que domine
De loin en loin, colosse incandescent et noir,
Un volcan qui, dressé dans la splendeur du soir,
Hausse, porte-étendard de l'hivernal cortège,
Sa bannière de feu sur un peuple de neige.

Mais tous fixaient leurs yeux sur les premiers gradins
Où, près des cours d'eau chaude, au milieu des jardins,
Ils avaient vu, dans l'or du couchant éclatantes,
Blanchir à l'infini les innombrables tentes
De l'Inca, dont le vent enflait les pavillons;
Et de la solfatare en de tels tourbillons
Montaient confusément d'épaisses fumerolles,
Que dans cette vapeur, couverts de banderoles,
La plaine, les coteaux et le premier versant
De la montagne avaient un aspect très puissant.

Et tous les Conquérants, dans un morne silence,
Sur le col des chevaux laissant pendre la lance,
Ayant considéré mélancoliquement
Et le peu qu'ils étaient et ce grand armement,
Pâlirent. Mais Pizarre, arrachant la bannière
Des mains de Gabriel Rojas, d'une voix fière :
— Pour don Carlos, mon maître, et dans son Nom Royal,
Moi, François Pizarro, son serviteur loyal,
En la forme requise et par-devant Notaire,
Je prends possession de toute cette terre;
Et je prétends de plus que, si quelque rival
Osait y contredire, à pied comme à cheval.
Je maintiendrai mon droit et laverai l'injure;
Et par mon saint patron, Don François, je le jure.

Et ce disant, d'un bras furieux, dans le sol
Qui frémit, il planta l'étendard espagnol
Dont le vent des hauteurs qui soufflait par rafales
Tordit superbement les franges triomphales.

Cependant les soldats restaient silencieux,
Éblouis par la pompe imposante des cieux.

Car derrière eux, vers l'ouest, où sans fin se déroule
Sur des sables lointains la Pacifique houle,
En une brume d'or et de pourpre, linceul
Rougi du sang d'un Dieu, sombrait l'antique Aïeul
De Celui qui régnait sur ces tentes sans nombre.
En face, la sierra se dressait haute et sombre.
Mais quand l'astre royal dans les flots se noya,
D'un seul coup, la montagne entière flamboya
De la base au sommet, et les ombres des Andes,
Gagnant Caxamarca, s'allongèrent plus grandes.
Et tandis que la nuit, rasant d'abord le sol,
De gradins en gradins haussait son large vol,
La mourante clarté, fuyant de cime en cime,
Fit resplendir enfin la crête plus sublime ;
Mais l'ombre couvrit tout de son aile. Et voilà
Que le dernier sommet des pics étincela,

Puis s'éteignit.

    Alors, formidable, enflammée
D'un haut pressentiment, tout entière, l'armée,
Brandissant ses drapeaux sur l'occident vermeil,
Salua d'un grand cri la chute du Soleil.

TABLE

TABLE

Dédicace. i
Épître liminaire. iii

LA GRÈCE ET LA SICILE

L'Oubli. 3
Hercule et les Centaures. 5
    Némée 7
    Stymphale. 8
    Nessus 9
    La Centauresse. 10
    Centaures et Lapithes. 11
    Fuite de Centaures. 12
La Naissance d'Aphrodite. 13
Jason et Médée 14

Artémis et les Nymphes	15
Artémis	17
La Chasse	18
Nymphée	19
Pan	20
Le Bain des Nymphes	21
Le Vase	23
Ariane	24
Bacchanale	25
Le Réveil d'un Dieu	26
La Magicienne	27
Sphinx	28
Marsyas	29
Persée et Andromède	31
Andromède au Monstre	33
Persée et Andromède	34
Le Ravissement d'Andromède	35
Épigrammes et Bucoliques	37
Le Chevrier	39
Les Bergers	40
Épigramme votive	41
Épigramme funéraire	42
Le Naufragé	43
La Prière du Mort	44
L'Esclave	45
Le Laboureur	46
A Hermès Criophore	47
La jeune Morte	48
Regilla	49
Le Coureur	50
Le Cocher	51
Sur l'Othrys	52

ROME ET LES BARBARES

Pour le Vaisseau de Virgile.	55
Villula.	56
La Flûte	57
A Sextius.	58
HORTORUM DEUS.	59
I. N'approche pas! Va-t'en!...	61
II. Respecte, ô Voyageur...	62
III. Holà, maudits enfants!...	63
IV. Entre donc. Mes piliers...	64
V. Quel froid! le givre brille...	65
Le Tepidarium	67
Tranquillus.	68
Lupercus.	69
La Trebbia	70
Après Cannes.	71
A un Triomphateur	72
ANTOINE ET CLÉOPATRE.	73
Le Cydnus.	75
Soir de Bataille.	76
Antoine et Cléopâtre.	77
SONNETS ÉPIGRAPHIQUES.	79
Le Vœu.	81
La Source.	82
Le Dieu Hêtre	83
Aux Montagnes Divines.	84
L'Exilée	85

LE MOYEN AGE ET LA RENAISSANCE

Vitrail 89
Épiphanie. 90
Le Huchier de Nazareth. 91
L'Estoc. 92
Médaille. 93
Suivant Pétrarque. 94
Sur le Livre des Amours de Pierre de Ronsard. . . 95
La belle Viole. 96
Épitaphe 97
Vélin doré. 98
La Dogaresse 99
Sur le Pont-Vieux 100
Le vieil Orfèvre. 101
L'Épée. 102
A Claudius Popelin. 103
Émail. 104
Rêves d'Émail 105
LES CONQUÉRANTS 107
    Les Conquérants 109
    Jouvence. 110
    Le Tombeau du Conquérant. 111
    Carolo Quinto imperante 112
    L'Ancêtre. 113
    A un Fondateur de ville. 114
    Au Même. 115
    A une Ville morte. 116

L'ORIENT ET LES TROPIQUES

La Vision de Khem. *I. Midi. L'air brûle*... . . 119
   II. La lune sur le Nil... 120
   III. Et la foule grandit... 121
Le Prisonnier. 123
Le Samouraï. 124
Le Daïmio. 125
Fleurs de feu. 126
Fleur séculaire. 127
Le Récif de corail. 128

LA NATURE ET LE RÊVE

Médaille antique. 131
Les Funérailles. 132
Vendange. 133
La Sieste. 134
La Mer de Bretagne. 135
   Un Peintre. 137
   Bretagne 138
   Floridum Mare. 139
   Soleil couchant. 140
   Maris Stella. 141
   Le Bain. 142
   Blason céleste 143
   Armor. 144
   Mer montante. 145
   Brise marine. 146

214 TABLE

La Conque. 147
Le Lit 148
La Mort de l'Aigle. 149
Plus Ultra. 150
La Vie des Morts. 151
Au Tragédien E. Rossi. 152
Michel-Ange. 153
Sur un Marbre brisé. 154

ROMANCERO

Le Serrement de mains. 157
La Revanche de Diego Laynez 161
Le Triomphe du Cid. 165

LES CONQUÉRANTS DE L'OR

Les Conquérants de l'Or. 173

Achevé d'imprimer

le vingt-neuf décembre mil huit cent quatre-vingt-douze

PAR

ALPHONSE LEMERRE

25, RUE DES GRANDS-AUGUSTINS

POUR

ALPHONSE LEMERRE, ÉDITEUR

23-31, PASSAGE CHOISEUL

A PARIS

3. — 1771.

www.ingramcontent.com/pod-product-compliance
Lightning Source LLC
Chambersburg PA
CBHW051908160426
43198CB00012B/1807